Mein SCHWEDISCHES SOMMERCAFÉ

FREDRIK NYLÉN

Mein SCHWEDISCHES SOMMERCAFÉ

85 verführerische Rezepte von Erdbeertorte bis Blaubeerschnitte

Back dich durch den Sommer!

CHRISTIAN

Inhalt

Versüße den Sommer mit einem Kaffeekränzchen

MEINE FRÜHESTEN UND schönsten Erinnerungen an sommerliches Kaffee-und-Kuchen-Genießen gehen auf meine Uroma, Margit Blom, zurück. Wir nannten sie kurz »Oma Blom«. In ihrem Garten gab es mehrere Plätze, an denen man während eines Kaffeekränzchens sitzen konnte, mit unzähligen Apfelbäumen und nicht zuletzt einer klassischen Fliederlaube. Ich kann mich nicht erinnern, dass wir sie ein einziges Mal besucht hätten, ohne dass sie uns verschiedene Sorten Kekse, Kuchen und Hefeteilchen angeboten hätte – immer selbst gemacht und auf feinstem Porzellan serviert.

Irgendwo dort, in meiner Kindheit, entstand mein großes Interesse für »fika«, die schwedische Kaffeekränzchen-Tradition, die Treffen mit Verwandtschaft, Freundinnen und Freunden und diese gemeinsam verbrachten Stunden mit etwas Köstlichem auf dem Teller.

Ich liebe diese Zeit im Frühsommer, zwischen der Blüte von Traubenkirsche und Flieder, wenn der Rhabarber anfängt zu wachsen. Nach einem langen Winter ist es wunderbar zu sehen, wie alles neu geboren wird, grünt und blüht, und den Duft der Blumen und des ersten Sommerregens wahrzunehmen.

Einer meiner Favoriten im Spätsommer sind Heidelbeeren. Ich gehe dann immer in den Wald und pflücke so viele Heidelbeeren, wie es nur geht – begleitet von Lovis, dem gemeinsamen Hund von mir und meinem Partner. Manchmal bringen wir allerdings nicht allzu viele mit nach Hause, da ein Großteil davon ohne Umwege in unseren Bäuchen landet.

Ich stelle eine ganze Menge Konfitüren und Säfte her, um alles zu konservieren und zu nutzen, was der Sommer bietet. Außerdem friere ich verschiedene Beerensorten ein, damit ich mich das ganze Jahr über an den Aromen des Sommers erfreuen kann – es ist doch einfach herrlich, mitten im Winter einen knusprigen Heidelbeer-Pie oder einen saftigen Rhabarberkuchen genießen zu können, wenn die Tage kürzer werden, es früher dunkel wird und man sich voller Sehnsucht in den Sommer zurückträumt.

In diesem Buch werden wir so viel wie möglich mit dem backen, was uns das Sommerhalbjahr beschert, von Rhabarber über Flieder bis hin zu Äpfeln und Vogelbeeren. Ich habe auf eine Vielzahl verschiedener Rezepte gesetzt, viele davon einfach und mit Zutaten, die man problemlos im Supermarkt findet. Ich hoffe, dass du auf den folgenden Seiten eine Menge Rezepte finden wirst, die zu deinen neuen Sommerfavoriten werden.

Fragen zum Thema Backen

KANN ICH DIE IM REZEPT ANGEGEBENEN FRÜCHTE GEGEN ANDERE AUSTAUSCHEN?

Wenn du mit Früchten backst, musst du dich nicht exakt an das halten, was ich gemacht habe. Anstelle von Heidelbeeren kannst du auch immer Himbeeren, Johannisbeeren oder deine eigenen Lieblingsbeeren verwenden. Äpfel können gegen Pflaumen oder Pfirsiche ausgetauscht werden. Fühl dich frei, bei jedem Gebäck und mit allen Früchten der Saison zu experimentieren. Auch gefrorene Beeren können für die allermeisten Rezepte verwendet werden. Wenn ich mit TK-Beeren backe, taue ich sie nicht vorher auf.

UMLUFT ODER OBER-/UNTERHITZE?

Auf diese Frage gibt es keine kurze und einfache Antwort, da die Temperaturverteilung in jedem Ofen unwahrscheinlich variiert. Ich sage immer, dass man sich mit dem eigenen Ofen anfreunden und etwas herumprobieren sollte. Zwischen zwei verschiedenen Ofenmodellen kann ein Temperaturunterschied von bis zu 30 °C liegen. Wenn du mit Umluft backst und dein Kuchen verbrennt, kannst du versuchen, Ober-/Unterhitze zu verwenden und die Temperatur um 5–10 °C zu verringern. Wenn er jedoch nicht recht fertig werden will und sehr hell aussieht, kannst du die Temperatur erhöhen oder optional Umluft ausprobieren. In meinem vorigen Ofen ist alles verbrannt, wenn ich mit Umluft gebacken habe. Bei meinem derzeitigen Modell verwende ich jedoch fast immer Umluft.

WAS MACHST DU MIT ALL DEM GEBÄCK, DAS DU HERSTELLST?

Die wahrscheinlich häufigste Frage, die mir gestellt wird! Es wird auf Freundinnen und Freunde, Familie sowie Nachbarinnen und Nachbarn aufgeteilt. Oder ich friere das Gebäck ein, vor allem Hefeteilchen und Brot.

WARUM BLEIBEN HEFETEILCHEN NICHT MEHRERE TAGE LANG SAFTIG?

Alle Teilchen, die ich backe, kommen komplett ohne Zusätze aus, weswegen sie nicht mehrere Tage lang saftig bleiben können. Mein Tipp ist, Hefegebäck einzufrieren, das nicht unmittelbar am Herstellungstag verzehrt wird. So kannst du es bei Bedarf auftauen und saftiges Gebäck genießen, wenn dir danach ist. Außerdem ist es immer gut, einen kleinen Vorrat im Gefrierfach anzulegen, falls spontan Gäste vor der Tür stehen!

KANN MAN GEBÄCK EINFRIEREN?

Die meisten Gebäcksorten lassen sich hervorragend einfrieren. Wenn sie jedoch mit Frosting oder Glasur verziert sind oder wenn es sich dabei um eine Torte handelt, würde ich es nicht empfehlen. Es besteht die Gefahr, dass die Glasur beim Auftauen des Gebäcks schmilzt und es am Ende schlicht und einfach nicht so hübsch aussieht.

SOLLTE MAN SPEZIELLE ZUSÄTZE IN SAFT UND KONFITÜREN VERWENDEN?

Es gibt schimmelpilzhemmende Mittel, die man bei der Herstellung von Säften verwenden kann, vor allem, wenn der Saft lange aufbewahrt werden soll, ohne eingefroren zu werden. Auf der Verpackung steht, wie viel man benötigt. Ich selbst verwende diese Mittel nicht, stattdessen friere ich den Saft ein. Ich verwende meist Gelierzucker mit Pektin für Konfitüren und Marmeladen. Pektin ist ein natürlicher Stoff, der in vielerlei Früchten vorkommt und dafür sorgt, dass Flüssigkeit geliert und fest wird.

FRÜHSOMMER

WENN DER SCHNEE weggeschmolzen ist und die Sonne anfängt, die Erde aufzuwärmen, ist Rhabarber das Erste, was meine Sehnsucht weckt. Auf saftig-weichen Rhabarberkuchen und herrliche Rhabarber-Tarte habe ich immer am meisten Lust. Dann dauert es nicht mehr lange, bis man Fliederduft in der Luft wahrnimmt, aus dessen Blüten man leckeren Saft herstellen kann.

Saftiger Rhabarberkuchen

Das hier ist ein Kuchen, den ich im Sommer sehr oft backe. Er ist belegt mit Rhabarber und außerordentlich saftig und weich zugleich. Anstelle von Rhabarber können auch andere saisonale Früchte oder Beeren verwendet werden, am besten eignen sich jedoch solche mit einem gewissen Grad an Säure, wie beispielsweise Rote Johannisbeeren, Stachelbeeren oder Himbeeren.

ERGIBT 8 STÜCKE

150 g weiche Butter
270 g Zucker
2 Eier
180 g Weizenmehl (Type 405)
2 TL Vanillezucker
1 TL Backpulver
2–3 Stangen Rhabarber
Puderzucker zum Bestauben

Serviervorschlag

kaltgerührte Vanillesauce, s. S. 167

1. Den Ofen auf 175 °C Umluft vorheizen. Den Boden einer Springform (Durchmesser 22 cm) mit Backpapier auslegen und den Rand fetten.

2. Die Butter und den Zucker in einer Rührschüssel mit dem Handrührgerät schaumig schlagen. Die Eier einzeln unterrühren.

3. Die trockenen Zutaten vermischen und in die Rührschüssel geben. Alles zu einem homogenen Teig verrühren, im Anschluss in die Springform füllen und glatt streichen.

4. Den Rhabarber säubern, schälen und in dünne Stäbchen schneiden. Diese leicht in den Teig drücken.

5. In der Mitte des Ofens 40–50 Minuten backen. Zum Überprüfen vorsichtig ein Holzstäbchen in die Mitte des Kuchens stechen; kommt das Stäbchen sauber wieder heraus, ist der Kuchen fertig.

6. Den Kuchen 10 Minuten in der Form ruhen lassen, dann herausnehmen und auf einer Kuchenplatte abkühlen lassen.

7. Den Kuchen mit Puderzucker bestauben und servieren, gerne mit einem Klecks kaltgerührter Vanillesauce.

Omas Rhabarberkuchen

Ein Rhabarberkuchen, von dem man unmöglich nur ein Stück nehmen kann! Er hat eine fantastische Konsistenz und ist unheimlich saftig. Die Kombination aus Rhabarber, Zimt und Haselnuss wirkt wahre Wunder im Hinblick auf Textur und Geschmack. Ich backe den Kuchen wie meine Oma in einer gusseisernen Pfanne, es kann aber selbstverständlich ebenso gut eine Springform mit gleichem Durchmesser verwendet werden.

ERGIBT 10 STÜCKE
etwas Butter zum Fetten + Semmelbrösel zum Ausstreuen der Form
50 g weiche Butter
225 g Zucker
1 Ei
150 g Weizenmehl (Type 405)
1 TL Natron
150 ml Schwedenmilch (erhältlich im Bio-Markt; alternativ Dickmilch oder Naturjoghurt)
80 g Rhabarber, in Stücke geschnitten
35 g Haselnusskerne

Für den Zimtzucker
½ EL gemahlener Zimt
1 EL Zucker

1. Den Ofen auf 175 °C Umluft vorheizen. Eine ofenfeste Gusseisenpfanne oder eine Springform (Durchmesser 22 cm) fetten und mit Semmelbröseln ausstreuen.

2. Die Butter mit dem Zucker und dem Ei in einer Rührschüssel zu einem Teig verrühren.

3. Das Mehl mit dem Natron mischen und zusammen mit der Schwedenmilch in den Teig einrühren. Sorgfältig vermengen.

4. Den Rhabarber unterheben und den Teig gleichmäßig in der gefetteten Pfanne oder Springform verteilen. Die Haselnusskerne grob hacken.

5. Für den Zimtzucker: Den Zimt mit dem Zucker vermischen und auf den Teig streuen. Mit Haselnusskernen garnieren.

6. In der Mitte des Ofens 35–40 Minuten backen. Zum Überprüfen vorsichtig ein Holzstäbchen in die Mitte des Kuchens stechen; kommt das Stäbchen sauber wieder heraus, ist der Kuchen fertig. Den Kuchen in der Form abkühlen lassen.

Kopenhagener Plunder mit Rhabarberkompott

Die Herstellung von diesem fluffigen Plundergebäck ist zeitaufwendig, aber mit meinem Blitzblätterteig geht es deutlich schneller. Das Ergebnis schmeckt unglaublich lecker! Man kann den Teig auch bis zu 6 Monate einfrieren oder 1 Woche im Kühlschrank aufbewahren.

ERGIBT 32 STÜCK

Für das Kompott
250 g Rhabarber, in Stücke geschnitten
250 g Gelierzucker
2 TL Kardamom, frisch gemahlen

Für den Blitzblätterteig
500 g kalte Butter
500 g Weizenmehl (Type 405)
10 g Salz (1 ½ TL)
40 g Eigelb (etwa 2 Stück)
10 g Zitronensaft, frisch gepresst (2 TL)
1 Ei zum Bestreichen, leicht verquirlt

Für den Zuckerguss
60 g Puderzucker

1. Für das Kompott: Den Rhabarber mit dem Gelierzucker und dem Kardamom in einem Topf aufkochen und 6–8 Minuten köcheln lassen, bis der Rhabarber weich ist. In eine Schüssel umfüllen und abkühlen lassen.

2. Für den Blitzblätterteig: Die Butter würfeln und mit dem Mehl und dem Salz in einer Rührschüssel vermengen, bis eine krümelige Konsistenz erreicht ist. 200 ml Wasser, die Eigelbe und den Zitronensaft hinzufügen. Mit den Händen zügig zu einem lockeren Teig verkneten. Es sollten noch kleine Butterstückchen im Teig sichtbar sein. Den Teig leicht platt drücken und in Frischhaltefolie einwickeln. Im Kühlschrank oder im Gefrierfach 10–15 Minuten ruhen lassen.

3. Den Teig auf einer leicht bemehlten Arbeitsfläche zu einem Rechteck (etwa 40 × 30 cm) ausrollen. Eine kurze Seite zur Mitte hin falten, die andere kurze Seite so über den restlichen Teig falten, dass drei übereinanderliegende Lagen entstehen. Den Teig ausrollen und noch einmal auf die beschriebene Weise falten. Mehr Mehl zugeben, falls der Teig zu klebrig ist.

4. Den Teig in Frischhaltefolie wickeln und 15 Minuten kalt stellen. Dann ausrollen und zweimal auf die oben beschriebene Weise falten. Wieder, in Frischhaltefolie gewickelt, 15 Minuten kalt stellen.

5. Den Ofen auf 200 °C Umluft vorheizen.

6. Den Teig halbieren. Ein Stück des Teigs zu einem Quadrat (36 × 36 cm) ausrollen. Kleinere Quadrate (9 × 9 cm) in die Teigplatte schneiden. Jeweils die Ecken zur Mitte hin falten und andrücken. Einen Klecks Kompott in der Mitte platzieren und die Vierecke auf einem mit Backpapier ausgelegten Backbleck aufreihen. Mit der anderen Teighälfte ebenso verfahren. Mit dem verquirlten Ei dünn bestreichen.

7. In der Mitte des Ofens 18–20 Minuten backen, bis sowohl auf der Ober- als auch auf der Unterseite der Teilchen eine goldene Färbung sichtbar ist. Auf dem Backblech abkühlen lassen. **Für den Zuckerguss:** Den Puderzucker mit 2–3 TL Wasser verrühren und das Gebäck damit beträufeln.

Blätterteig-Windbeutel mit Erdbeer-Rhabarber-Kompott

Der Teig ist derselbe wie beim Kopenhagener Plunder auf der vorhergehenden Seite, die Mengen können hervorragend halbiert werden. Alternativ kannst du den Teig, wie im Rezept angegeben, zubereiten und die Hälfte einfrieren. So hast du immer etwas zur Hand, wenn du spontan Lust auf etwas Leckeres und Knuspriges bekommst. Ich habe meine Windbeutel mit einem wunderbaren Erdbeer-Rhabarber-Kompott gefüllt, das wirklich nach Sommer schmeckt. Das Kompott enthält etwas weniger Zucker als herkömmliche Konfitüre. Das sorgt dafür, dass die verschiedenen Aromen und besonders der frische Geschmack des Rhabarbers noch besser zum Ausdruck kommen.

ERGIBT 18 KLEINE WINDBEUTEL

Für das Kompott (etwa 500 ml)
250 g Rhabarber, in Stücke geschnitten
250 g Erdbeeren, in Stücke geschnitten
250 g Gelierzucker
2 TL Vanillezucker

Für die Windbeutel
½ Menge Blitzblätterteig, s. S. 19
1 Ei zum Bestreichen
400 g flüssige Sahne, geschlagen
Puderzucker zum Bestauben

1. Für das Kompott: Den Rhabarber und die Erdbeeren in einem Topf mit dem Gelierzucker unter Rühren aufkochen. Etwa 5 Minuten köcheln lassen, bis der Rhabarber weich ist, jedoch nicht zerfällt. Dann den Vanillezucker einrühren. In saubere Schraubgläser füllen. Das Kompott kann im Kühlschrank bis zu 12 Monate aufbewahrt werden.

2. Für die Windbeutel: Den Ofen auf 200 °C Umluft vorheizen. Den Teig zu einer etwa ½ cm dicken Platte ausrollen. Kreise (Durchmesser 7–8 cm) ausstechen, dabei einen Ausstecher mit scharfem Rand verwenden, damit das Gebäck später an den Seiten schön »aufblättert«. Alternativ können mit einem scharfen Messer Vierecke ausgeschnitten werden. Auf ein mit Backpapier ausgelegtes Blech legen.

3. Das Ei leicht verquirlen und die Kreise damit ausschließlich an der Oberseite bestreichen. In der Mitte des Ofens etwa 15 Minuten backen, bis das Gebäck eine schöne goldbraune Farbe bekommen hat. Auf dem Blech abkühlen lassen.

4. Die Windbeutel horizontal durchschneiden, sodass ein Deckel und ein Unterteil entsteht. Das Unterteil jeweils mit Kompott und Schlagsahne füllen. Deckel auflegen und mit Puderzucker bestauben. Am besten direkt servieren, sie können aber auch ein paar Stunden im Kühlschrank aufbewahrt werden.

Kekse mit Pistazienbaiser

Opulente Mürbeteigschnittchen mit Pistazienbaiser und Kardamom. Diese Kekse veredeln jede Kaffeetafel.

ERGIBT ETWA 20 KEKSE

Für den Teig
150 g Weizenmehl (Type 405)
2 TL Vanillezucker
½ TL Backpulver
100 g kalte Butter
1 Eigelb

Für das Baiser
1 Eiweiß
45 g Zucker
35 g Pistazienkerne, fein gehackt + zusätzliche zum Dekorieren
1 TL Kardamom, frisch gemahlen

1. Den Ofen auf 175 °C Umluft vorheizen.

2. Für den Teig: Die trockenen Zutaten in einer Rührschüssel vermengen, die Butter in Würfeln zugeben und alles mit den Fingerspitzen zu einer homogenen Masse verarbeiten. Das Eigelb hinzufügen und zügig zu einem glatten Teig verkneten.

3. Den Teig halbieren und auf einem Backpapier zu zwei Strängen (jeweils 30 × 3 cm) ausrollen. Das Backpapier auf ein Backblech legen.

4. Für das Baiser: Das Eiweiß in einer fettfreien Rührschüssel – vorzugsweise aus Glas oder Metall – steif schlagen. Den Zucker einrieseln lassen und 2–3 Minuten schlagen, bis eine glatte und glänzende Baisermasse entsteht.

5. Pistazienkerne und Kardamom mit einem Teigschaber unterheben und die Baisermasse mit einem Löffel oder einem Spritzbeutel auf dem Teig verteilen. Mit den übrigen fein gehackten Pistazienkernen bestreuen.

6. In der Mitte des Ofens 15–20 Minuten backen, bis das Baiser etwas Farbe bekommen hat. Die noch warmen Stränge mehrmals leicht diagonal durchschneiden, sodass kleine Schnittchen entstehen. Auf dem Blech abkühlen lassen.

Erdbeer-Cheesecake im Glas

Mit Minze marinierte Erdbeeren in Kombination mit cremigem Cheesecake und knusprigen Keksen ergeben den perfekten Nachtisch. Das hier ist ein einfaches Dessert, das allerdings durch das Servieren in hübschen Gläsern einen deutlich anspruchsvolleren Eindruck macht.

ERGIBT 4 PORTIONEN

Für die marinierten Erdbeeren
90 g Zucker
1 EL frische Minze, gehackt + einige Blätter zum Garnieren
250 g Erdbeeren

Für die Cheesecake-Masse
200 g Frischkäse
150 g flüssige Sahne
30 g Puderzucker
2 TL Vanillezucker

6 Digestive-Kekse (erhältlich in gut sortierten Supermärkten; alternativ Vollkornbutterkekse), zerbröselt

1. Für die marinierten Erdbeeren: Den Zucker mit 100 ml Wasser in einem Topf mischen und so lange köcheln lassen, bis sich der Zucker aufgelöst hat. Den Topf von der Herdplatte nehmen und die Flüssigkeit abkühlen lassen.

2. Die Minze zur Zuckerlösung hinzufügen. Die Erdbeeren in Stücke schneiden – einzelne für die Dekoration beiseitelegen – und in eine Schüssel geben. Mit dem Zuckerwasser übergießen und mindestens 1 Stunde kalt stellen.

3. Für die Cheesecake-Masse: Den Frischkäse, die Sahne, den Puderzucker und den Vanillezucker mit dem Handrührgerät in einer Schüssel so lange miteinander verrühren, bis eine fluffige Masse entsteht.

4. Die zerbröselten Kekse, die Cheesecake-Masse und die marinierten Erdbeeren in vier Gläser schichten. Mit den übrigen Erdbeeren und Minzblättern garnieren und sofort servieren.

Fliedersaft

Fliedersaft schmeckt blumig und erstaunlich lecker. Bei der Farbe habe ich ein bisschen geschummelt, ich habe für das gewisse Etwas einige gefrorene Heidelbeeren hinzugefügt. Um ein kräftiges Aroma zu erzielen, am besten intensiv duftenden Flieder verwenden.

ERGIBT 1 ½ L KONZENTRAT
30 Fliederblütendolden
2 unbehandelte Zitronen
1 kg Zucker
10 gefrorene Heidelbeeren (für eine intensive Farbe, optional)

1. Die Fliederblütendolden sachte schütteln, um eventuell darauf befindliche Insekten zu entfernen. Blüten (ohne Grün) abzupfen und in eine große Schüssel geben.

2. Die Zitronen heiß abwaschen, in Scheiben schneiden und zu den Blüten in die Schüssel legen.

3. Den Zucker mit 1 l Wasser in einem Topf aufkochen und so lange köcheln lassen, bis sich der Zucker aufgelöst hat. Dann über Blüten und Zitronenscheiben gießen. Für mehr Farbintensität die Heidelbeeren zugeben. Etwas abkühlen lassen, mit einem Deckel oder Frischhaltefolie abdecken und im Kühlschrank 2–3 Tage ziehen lassen.

4. Die Flüssigkeit durch ein Saftsieb oder ein anderes feinmaschiges Sieb in eine Schüssel abseihen. Den Saft in sorgfältig gereinigte Flaschen abfüllen. Im Kühlschrank ist er etwa 2 Wochen haltbar, eingefroren deutlich länger.

Fliedersirup

Fliedersirup eignet sich hervorragend zum Beträufeln von frischen Pfannkuchen oder einem Schälchen Eis. Bei dem Eis auf Seite 168 kommt dieser wunderbare Sirup zum Einsatz.

ERGIBT ETWA 300 ML
2–3 Handvoll Fliederblüten
180 g Zucker
10 frische oder gefrorene Heidelbeeren

1. Die Fliederblüten in einem Sieb unter laufendem Wasser abbrausen.

2. Den Zucker mit 200 ml Wasser in einem Topf aufkochen und 2–3 Minuten köcheln lassen, bis der Zucker sich aufgelöst hat. Den Topf vom Herd nehmen und die Zuckerlösung auf Zimmertemperatur abkühlen lassen.

3. Die Blüten und die Heidelbeeren unterrühren, anschließend den Topf mit aufgelegtem Deckel über Nacht kalt stellen. Für noch mehr Farbintensität die Heidelbeeren leicht zerstampfen und umrühren.

4. Die Flüssigkeit durch ein feinmaschiges Sieb oder einen Kaffeefilter abseihen. In einer sorgfältig gereinigten Flasche oder einem Schraubglas aufbewahren. Der Sirup hält sich etwa 2 Wochen im Kühlschrank und eignet sich auch hervorragend zum Einfrieren.

Fliedersorbet

Ein herrliches Sorbet zum Abkühlen. Es muss ziemlich süß sein, damit es am Ende nicht vor Eiskristallen strotzt. Hier bringt der Fliedersaft den nötigen Zucker mit. Für dieses Rezept ist eine Eismaschine das Werkzeug der Wahl, es geht aber auch ohne.

ERGIBT 4 PORTIONEN

1 Eiweiß
300 ml Fliedersaftkonzentrat, s. S. 27
1 EL Zitronensaft, frisch gepresst

1. Das Eiweiß zu fluffigem Eischnee schlagen.

2. Den Fliedersaft mit 50 ml Wasser und dem Zitronensaft mischen und das Eiweiß unterschlagen.

3. Die Masse in der Eismaschine so lange rühren, bis sie fest und cremig ist. Ohne Eismaschine: Die Masse in eine weite Schüssel füllen und ins Gefrierfach stellen. Ab und an umrühren, etwa alle 30 Minuten, bis die Masse durchgefroren ist. So wird das Sorbet zwar etwas kompakter in der Konsistenz, aber dennoch lecker.

4. Das Sorbet kann in einer Dose mit Deckel im Gefrierfach aufbewahrt werden. Einige Minuten vor dem Servieren herausnehmen, damit das Sorbet leicht antauen kann.

Erdbeer-Rhabarber-Eis

Das leckerste Eis für den Frühsommer! Hier habe ich Eis am Stiel gemacht, du kannst die Masse aber selbstverständlich auch in einer anderen Form einfrieren und genießen. Für dieses Rezept brauchst du eine Eismaschine.

ERGIBT 10 EIS AM STIEL

Für die Eismasse
2 Eigelb
45 g Zucker
150 ml Milch (Fettgehalt: 3,5 %)
150 g flüssige Sahne
2 TL Vanillezucker

Für das Kompott
100 g Rhabarber, in Stücke geschnitten
100 g Erdbeeren, in Stücke geschnitten
95 g Gelierzucker

Für die Dekoration
400 g weiße Schokolade
2 TL Rapsöl
evtl. 10 Eisstiele

1. Für die Eismasse: Die Eigelbe und den Zucker mit dem Handrührgerät in einer Schüssel schaumig schlagen. Die Milch, die Sahne und den Vanillezucker einrühren und die Masse in einen Topf geben. Vorsichtig unter Rühren auf 85 °C erwärmen. Die Masse sollte langsam etwas andicken.

2. Die Eismasse in eine Schüssel umfüllen und im Kühlschrank abkühlen lassen.

3. Für das Kompott: Den Rhabarber und die Erdbeeren mit dem Gelierzucker in einem Topf mischen und etwa 5 Minuten köcheln lassen. Die Stückchen sollten weich sein, jedoch nicht auseinanderfallen. Das Kompott in eine Schale umfüllen und im Kühlschrank abkühlen lassen.

4. Das abgekühlte Kompott mit der Eismasse vermengen. Danach in die Eismaschine füllen und etwa 10 Minuten rühren, bis das Eis eine cremige Konsistenz hat.

5. Die Eisförmchen mit der Masse befüllen und nach Belieben Stiele einstecken. 3–4 Stunden einfrieren, bis das Eis richtig durchgekühlt und fest ist.

6. Für die Dekoration: Die weiße Schokolade hacken und vorsichtig über einem heißen Wasserbad oder in kurzen Intervallen in der Mikrowelle schmelzen. Das Öl einrühren und die Schokoladenmischung in eine große Tasse oder ein anderes geeignetes Gefäß füllen. Etwas abkühlen lassen.

7. Das Eis jeweils in die Schokolade tauchen und auf ein mit Backpapier ausgelegtes Tablett legen. Wenn die Schokolade fest geworden ist – das geht recht schnell –, kann das Eis in einem zweiten Durchgang mit der übrigen Schokolade beträufelt werden. Im Gefrierfach aufbewahren, bis es Zeit ist für ein richtiges Sommereis.

Einfacher Rhabarber-Pie

Dieser Pie ist simpel, aber trotzdem unglaublich lecker. Der Boden erinnert in Geschmack und Konsistenz an Mürbeteigplätzchen, darunter liegt der frische Rhabarber und lässt es sich gut gehen. Wenn der Appetit auf Pie spontan zuschlägt und man einfach nicht länger warten kann, dann ist das hier das perfekte Rezept!

ERGIBT 6 PORTIONEN

Für die Füllung
4–6 Stangen Rhabarber
2 EL Zucker
1 EL Speisestärke

Für den Teig
125 g weiche Butter
135 g Zucker
120 g Weizenmehl (Type 405)
1 TL Backpulver
1 TL Vanillezucker

Serviervorschlag
kaltgerührte Vanillesauce oder Vanilleeis, s. S. 167 und 168

1. Den Ofen auf 200 °C Umluft vorheizen.

2. Für die Füllung: Den Rhabarber säubern, schälen und in kleine Stücke schneiden. Mit dem Zucker und der Speisestärke mischen und gleichmäßig in einer Pie-Form (Durchmesser 25 cm) verteilen.

3. Für den Teig: Alle Zutaten vermengen und mit den Händen oder der Küchenmaschine zu einem Teig verarbeiten.

4. Mit den Fingern Teigplatten formen und den Rhabarber damit bedecken.

5. In der Mitte des Ofens etwa 25 Minuten backen, bis die Teigdecke goldbraun ist.

6. Mit kaltgerührter Vanillesauce oder Vanilleeis servieren. Der Pie schmeckt sowohl lauwarm als auch kalt.

Rhabarbersaft

Ein schnell gemachtes Rhabarbergetränk, bei dem man den Grad der Süße nach eigenem Geschmack variieren kann. Ich werde oft gefragt, ob man auch weniger Zucker verwenden kann. Prinzipiell kann die Zuckermenge im Rezept immer reduziert werden, allerdings fällt das Ergebnis geschmacklich vielleicht weniger gut aus. Ich verwende genau 225 g Zucker, wenn ich dieses Getränk herstelle, und ich trinke es gerne zum Essen. Ist der Rhabarber versehentlich ein bisschen zu lange im Beet stehen geblieben? Perfekt! Dann nutze die Gelegenheit und verarbeite ihn zu diesem Rhabarbersaft.

ERGIBT ETWA 1 ½ L KONZENTRAT
600 g Rhabarber (4–6 Stangen)
90–270 g Zucker
Saft von 1 Zitrone

1. Den Rhabarber säubern, schälen und in kleine Stücke schneiden. Diese mit 1 l Wasser in einen Topf geben. Aufkochen und etwa 10 Minuten köcheln lassen, bis der Rhabarber zerfällt.

2. Die Flüssigkeit durch ein Saftsieb oder ein anderes feinmaschiges Sieb in eine Schüssel abseihen.

3. Je nach Geschmack mehr oder weniger Zucker einrühren, bis dieser sich aufgelöst hat. Mit der gewünschten Menge Zitronensaft abschmecken.

4. Das Konzentrat in sorgfältig gereinigte Flaschen füllen. Im Kühlschrank hält sich das Konzentrat etwa 2 Wochen, im Gefrierfach deutlich länger.

5. Zum Genießen einen Teil Saft mit drei Teilen Wasser verdünnen.

Hausgemachte Limonade

Eine eiskalte Zitronenlimonade an einem warmen Sommertag – was könnte besser und erfrischender sein? Perfekt für eine Gartenparty, von Groß und Klein gleichermaßen geschätzt.

ERGIBT ETWA 1,3 L LIMONADE
90 g Zucker
4 unbehandelte Zitronen
1 l Sprudelwasser
Eiswürfel

1. Den Zucker mit 200 ml Leitungswasser in einem Topf aufkochen und so lange köcheln lassen, bis sich der Zucker aufgelöst hat. Von der Herdplatte nehmen und abkühlen lassen.

2. Die Zitronen heiß abwaschen, drei davon auspressen und die vierte in Scheiben schneiden.

3. In einer großen Kanne die Zuckerlösung mit dem Zitronensaft mischen. Mit dem Sprudelwasser aufgießen, Eiswürfel und die Zitronenscheiben hinzugeben und genießen.

Holunderblütensirup

Auf Holunderblütensirup kann ich richtige Gelüste entwickeln, besonders wenn die Blüten dafür von Omas und Opas Holunderstrauch kommen. Ich kann den Geschmack nicht beschreiben, aber er ist einzigartig und Sommer pur. Außerdem ist der Sirup vielseitig einsetzbar, er kann für Rührkuchen und Glasuren ebenso verwendet werden wie für Getränke und Sorbet – die Liste ist lang. Man kann sogar Tarte damit machen, zum Beispiel die im folgenden Rezept. Du wirst sie lieben!

ERGIBT ETWA 3 L KONZENTRAT

40 große Holunderblütendolden
4 unbehandelte Zitronen
50 g Zitronensäure
2 kg Zucker

1. Die Holunderblütendolden sachte schütteln, um eventuell darauf befindliche Insekten zu entfernen. In eine große hitzebeständige Schüssel oder einen Topf geben, am besten mit Deckel.

2. Die Zitronen heiß abwaschen, in 1 cm dicke Scheiben schneiden und ebenfalls in die Schüssel legen. Zitronensäure hinzufügen.

3. Den Zucker mit 2 l Wasser aufkochen und köcheln lassen, bis sich der Zucker aufgelöst hat. Noch heiß in die Schüssel zu den Holunderblüten gießen und umrühren.

4. Die Mischung etwas abkühlen lassen. Deckel auflegen oder mit Frischhaltefolie abdecken und 72 Stunden kalt stellen.

5. Die Flüssigkeit durch ein Saftsieb oder ein anderes feinmaschiges Sieb in eine weitere Schüssel abseihen. Den Sirup in sorgfältig gereinigte Flaschen abfüllen. Einfach mit Wasser mischen und genießen! Der Sirup hält sich etwa 1 Monat im Kühlschrank, eingefroren deutlich länger.

Holunderblüten-Tarte

Ein herrlich buttriger Tarteboden mit einer seidenweichen Holunderblütenfüllung ... Mit dieser Tarte schindest du garantiert Eindruck bei deinen Gästen.

ERGIBT 8 STÜCKE

Für den Boden
180 g Weizenmehl (Type 405)
90 g Zucker
1 TL Backpulver
175 g Butter, geschmolzen

Für die Füllung
4 Eier
225 g Zucker
200 g flüssige Sahne
150 ml Holunderblütensirup, s. S. 38

Serviervorschlag
leicht aufgeschlagene Sahne

1. Für den Boden: In einer Schüssel das Mehl mit dem Zucker und dem Backpulver mischen. Die Butter hinzufügen und alles zügig zu einem geschmeidigen Teig verarbeiten.

2. Den Teig gleichmäßig auf dem Boden einer Tarteform (Durchmesser 24 cm) andrücken, dabei einen Rand hochziehen. 30 Minuten kalt stellen. Den Ofen auf 200 °C Umluft vorheizen.

3. Für die Füllung: Alle Zutaten zu einer glatten Masse verrühren. Die Masse sollte sehr flüssig, fast wässrig sein. Die Füllung in die Form gießen.

4. In der Mitte des Ofens etwa 30 Minuten backen, bis sich die Füllung bei leichtem Rütteln der Form nicht mehr bewegt. Abkühlen lassen.

5. Die Tarte nach Belieben mit leicht aufgeschlagener Sahne servieren.

Fichtenspitzensirup

Wenn du noch nie Fichtenspitzensirup probiert hast, solltest du das unbedingt nachholen! Es klingt vielleicht erst einmal ein bisschen merkwürdig, aber die hellgrünen, zarten Triebe haben wirklich ein unvergleichliches Aroma. In Kombination mit Eis, Pfannkuchen und Waffeln kommt es hervorragend zur Geltung. Oder wieso nicht auch einmal zusammen mit Weichkäse genießen? Hier schlage ich zwei Herstellungsmethoden vor: eine schnelle und eine etwas zeitintensivere. Das Ergebnis ist bei beiden gleich schmackhaft. Denk daran, dass das Sammeln von Fichtenspitzen im Wald verboten ist und du auf privatem Grund nur mit expliziter Erlaubnis sammeln darfst.

Für die »Monatsvariante«
4–5 Handvoll zarte Fichtenspitzen
450 g Zucker

1. Die Fichtenspitzen abwaschen, in eine Schüssel geben und mit dem Zucker bedecken. Die Schüssel in ein sonnenreiches Fenster stellen. So lange stehen lassen, bis der Zucker vollständig geschmolzen ist. Das dauert für gewöhnlich 4–5 Wochen.

2. Die Flüssigkeit durch ein Sieb in ein sorgfältig gereinigtes Schraubglas oder eine Flasche gießen. Im Kühlschrank aufbewahren.

Für die schnelle Variante
4–5 Handvoll zarte Fichtenspitzen
450 g Zucker

1. Die Fichtenspitzen abwaschen und zusammen mit 500 ml Wasser in einen Topf geben. Aufkochen und ohne Deckel 15 Minuten köcheln lassen. Den Topf von der Platte nehmen und die Flüssigkeit 1 Stunde ziehen lassen.

2. Mit einem Sieb die Fichtenspitzen entfernen und den Zucker zu der verbleibenden Flüssigkeit hinzufügen. Im Topf aufkochen und bei mittlerer Temperatur köcheln lassen, bis sich die Flüssigkeit auf etwa die Hälfte reduziert hat.

3. Den Sirup in ein sorgfältig gereinigtes Schraubglas oder eine Flasche umfüllen und im Kühlschrank aufbewahren.

Silvia-Kuchen mit gerösteten Kokosflocken

Ein herrlich fluffiger Kuchen mit einem Topping aus geschmolzener Butter und gerösteten Kokosflocken, der nach der schwedischen Königin Silvia benannt ist. Das Rösten verleiht den Kokosflocken ein intensiveres Aroma und geschmackliche Tiefe – perfekt für einen Kuchen wie diesen.

ERGIBT ETWA 20 STÜCKE

Für den Teig
3 Eier
270 g Zucker
180 g Weizenmehl (Type 405)
1 EL Backpulver
1 EL Vanillezucker

Für die Dekoration und die Glasur
20 g Kokosflocken
150 g Butter
135 g Zucker
1 EL Vanillezucker
2 Eigelb

1. Den Ofen auf 175 °C Umluft vorheizen. Ein tiefes Backblech (etwa 30 × 20 cm) mit Backpapier auslegen.

2. Für den Teig: Die Eier und den Zucker mit dem Handrührgerät in einer Schüssel schaumig rühren. Dann 150 ml kaltes Wasser unterrühren.

3. Das Mehl mit dem Backpulver und dem Vanillezucker mischen und in die Schüssel sieben. Zu einem glatten Teig verrühren und auf dem Backblech verteilen.

4. In der Mitte des Ofens etwa 20 Minuten backen. Zum Überprüfen vorsichtig ein Holzstäbchen in die Mitte des Kuchens stechen; kommt das Stäbchen sauber wieder heraus, ist der Kuchen fertig. Den Kuchen in der Form abkühlen lassen.

5. Für die Dekoration und die Glasur: Die Kokosflocken bei mittlerer Temperatur in einer Pfanne ohne Fett anrösten, bis sie eine goldene Farbe bekommen haben. Beiseitestellen.

6. Die Butter mit dem Zucker und dem Vanillezucker in einem Topf schmelzen und vermengen. Die Eigelbe hinzugeben und kräftig rühren, bis die Creme andickt. Vorsicht: Die Creme darf nicht kochen! Etwas abkühlen lassen.

7. Die Glasur gleichmäßig auf dem Kuchen verteilen und die Kokosflocken darüberstreuen. Im Kühlschrank fest werden lassen, im Anschluss den Kuchen in Stücke schneiden.

Sandkuchen

Einen gewöhnlichen Sandkuchen sollte man nicht unterschätzen. Ich finde, er gehört zum Sommer dazu. Ist er dann auch noch frisch gebacken, wird er normalerweise umgehend verspeist. Mit etwas Glück findet man noch einen Rest in der Form, so kann man sich immer ein Stück abschneiden, wenn einen der Kuchenhunger packt. Mit Zimt und Zucker und in etwas Butter angebraten, können eventuelle Reste als feiner Nachtisch serviert werden, gerne zusammen mit einem guten Eis. So einfach und so lecker!

ERGIBT 10 STÜCKE

etwas Butter zum Fetten + Semmelbrösel zum Ausstreuen der Form
3 Eier
180 g Zucker
100 g Butter
100 ml Milch
180 g Weizenmehl (Type 405)
2 TL Backpulver
1 EL Vanillezucker

1. Den Ofen auf 175 °C Umluft vorheizen. Eine Napfkuchenform (Fassungsvermögen 1 ½ l) fetten und mit Semmelbröseln ausstreuen. In Schritt 3 können hierfür 5 g Butter zusätzlich geschmolzen werden, um die Form damit einzupinseln.

2. In einer Schüssel die Eier und den Zucker etwa 5 Minuten mit dem Handrührgerät sehr schaumig rühren.

3. Die Butter schmelzen, die Milch hinzugeben und die Mischung mit dem Eier-Zucker-Gemisch in der Rührschüssel verrühren.

4. Die trockenen Zutaten miteinander vermischen und unterrühren. Den Teig in die Form füllen.

5. Den Kuchen im unteren Teil des Ofens 35–40 Minuten backen. Zum Überprüfen vorsichtig ein Holzstäbchen in die Mitte des Kuchens stechen; kommt das Stäbchen sauber wieder heraus, ist der Kuchen fertig.

6. Den Kuchen in der Form 10 Minuten abkühlen lassen und im Anschluss auf eine Kuchenplatte stürzen.

Prinzessinnenrolle mit Erdbeeren und Rhabarber

Die Prinzessinnenrolle mit Erdbeer-Rhabarber-Füllung schmeckt genauso gut, wie sie aussieht – oder sogar noch besser! Ich habe dem Ganzen noch mehr Luxus verliehen, indem ich das Marzipan eingefärbt habe. Ein bisschen mehr Sommerflair ist doch nie verkehrt, oder?

ERGIBT 10 STÜCKE

Für den Teig
3 Eier
135 g Zucker + 45 g zum Bestreuen
120 g Weizenmehl (Type 405)
1 TL Backpulver

Für die Füllung und die Dekoration
300 g flüssige Sahne
etwa 100 ml Erdbeer-Rhabarber-Kompott, s. S. 20
300 g Marzipan (z. B. 150 g Weiß und 150 g Rosa)

1. Den Ofen auf 250 °C Umluft vorheizen. Ein tiefes Backblech (40 × 30 cm) mit Backpapier auslegen.

2. Für den Teig: Die Eier und den Zucker mit dem Handrührgerät etwa 5 Minuten sehr schaumig rühren. 1 EL Wasser hinzugeben.

3. Das Mehl mit dem Backpulver mischen und unterheben.

4. Den Teig gleichmäßig auf das Backblech streichen und im unteren Teil des Ofens etwa 5 Minuten backen, bis der Kuchen eine goldene Farbe bekommen hat.

5. 45 g Zucker gleichmäßig auf einem weiteren Backpapier verteilen und den Kuchen darauf stürzen. Vorsichtig das Papier abziehen, auf dem der Kuchen gebacken wurde. Mit einem Geschirrtuch abgedeckt, abkühlen lassen.

6. Für die Füllung: Die Sahne steif schlagen. Die Hälfte davon mit dem Kompott mischen und gleichmäßig auf dem Kuchen verteilen. Von der Längsseite her zu einer kompakten Rolle aufrollen. Den Kuchen mit der übrigen Sahne bestreichen.

7. Für die Dekoration: Das verschiedenfarbige Marzipan etwas »unordentlich« miteinander verkneten und zu einem 40 cm langen Rechteck ausrollen. Die Rolle mit dem Marzipan bedecken, die Unterseite aussparen. Fertig ist die »Prinzessinnenrolle« für alle Kuchenhungrigen!

Hefeschnecken mit Vanille

Traumhaft leckere Vanilleschnecken, mit Butter eingepinselt und in Zucker gewendet. Zwar hinterlassen die Teilchen eine kleine Zuckerspur um den Mund herum, doch es ist unmöglich, ihnen zu widerstehen. Das gewisse Etwas kannst du dieser Leckerei verleihen, indem du Zucker mit Geschmack verwendest, zum Beispiel Johannisbeerblatt- oder Lavendelzucker (s. S. 70).

ERGIBT ETWA 24 SCHNECKEN

Für den Teig
500 ml Milch (Fettgehalt: 3,5 %)
1 Würfel Hefe (42 g)
150 g weiche Butter
90 g Zucker
1 TL Salz
780–840 g Weizenmehl (Type 550) + etwas zusätzlich zum Ausrollen

Für die Füllung
150 g weiche Butter
3 EL Vanillezucker
90 g Zucker

Für die Dekoration
50 g Butter, geschmolzen
180 g Zucker

1. Für den Teig: Die Milch auf 37 °C erhitzen. Die Hefe in eine Schüssel oder ein Gefäß für die Küchenmaschine bröseln. Die Milch hinzugießen und rühren, bis sich die Hefe aufgelöst hat. Die Butter in kleinen Würfeln zusammen mit dem Zucker, dem Salz und dem Mehl hinzufügen. Den Teig in der Küchenmaschine 10 Minuten kneten, mit der Hand doppelt so lange.

2. Den Teig mit einem Geschirrtuch bedecken und 30 Minuten gehen lassen.

3. Für die Füllung: Alle Zutaten miteinander vermengen.

4. Den Teig auf eine leicht bemehlte Arbeitsfläche legen, kurz kneten und zu einem großen Rechteck (etwa 60 × 40 cm) ausrollen.

5. Die Füllung dünn auf den Teig streichen. Eine Längsseite über die andere falten und leicht mit dem Nudelholz über den Teig rollen, um Unebenheiten auszugleichen. Den Teig in etwa 2½ cm breite Streifen schneiden. Jeden Streifen in sich verdrehen, zu einer Schnecke aufrollen und das lose Ende unter die Schnecke stecken. Auf mit Backpapier belegte Backbleche legen.

6. Die Schnecken unter einem Geschirrtuch 30 Minuten gehen lassen. Den Ofen auf 225 °C Umluft vorheizen.

7. Ein Blech nach dem anderen in der Mitte des Ofens 8–10 Minuten backen. Die Schnecken unter einem Geschirrtuch auf einem Kuchengitter abkühlen lassen.

8. Für die Dekoration: Die Schnecken mit geschmolzener Butter einpinseln und dann in Zucker wenden.

Hofors

ICH BIN GEBOREN und aufgewachsen in Hofors. Papa und meine beiden Opas arbeiteten im Stahlwerk. Weil ich dort nie selbst gearbeitet habe, ist es für mich ein äußerst spannender Ort, an dem man das Donnern von Stahl hört, der auf Stahl schlägt, und an dem rund um die Uhr und das ganze Jahr über etwas los ist. Der Stahl, der in Hofors hergestellt wird, wird in die ganze Welt exportiert, und heute basieren ganze 97 Prozent der Produktion auf recyceltem Stahl.

Hofors war mit seiner Eisen- und Stahlproduktion 500 Jahre lang ein Industrieort, und ist es auch heute noch. Der Ort wird manchmal als »Wiege des Stahls« bezeichnet. Wir sind umringt von Bergen und Hügeln, ganz unten im Tal liegt das Stahlwerk.

Hier, zu Hause in Hofors, gefällt es mir am allerbesten, man hat alles in der Nähe, und es gibt eine Menge Seen und Wälder. Ich brauche genauso lang zum Supermarkt, um Milch zu kaufen, wie ich mit meinem Hund in den Wald unterwegs bin.

Das schöne Hintergrundbild ist Teil einer Fassade aus dem Jahr 1850 und gehört zu einem Gebäude, das anfangs als Hochofen diente, jedoch 1920 zu einem Konzerthaus umgebaut wurde. Das Fundament besteht aus Schlackensteinen, einem Abfallprodukt der Stahlherstellung. Die Schlacke wurde in Formen gegossen, jeder der Steine wiegt 80 Kilo. Mich haben diese Steine schon immer fasziniert, sie kommen in Farbschattierungen von Blau bis Grün vor und haben eine glasähnliche Oberfläche.

Bei der Stahlproduktion vermischt man verschiedene Zutaten miteinander (ein bisschen wie beim Backen!) und abhängig vom Mischverhältnis entsteht härterer oder weicherer Stahl. Im 18. Jahrhundert begann man, Häuser aus Schlackensteinen zu bauen, und jedes Mal, wenn ich hier in Hofors an einem solchen Haus vorbeigehe, muss ich es einfach anfassen.

HOCHSOMMER

WENN ES AUF Mittsommer zugeht, finde ich, dass der Sommer so richtig angefangen hat, und alles, was ich will, sind Erdbeeren in Massen. Die Natur ist wunderschön grün, und es blüht überall. Jetzt dreht sich alles um Erdbeertorte, Eis und Kaffeekränzchen im Garten.

Apfelrosensaft

Apfelrosen wachsen wild in Wohngebieten, Parks und an Stränden. Wusstest du, dass man daraus einen unglaublich leckeren Saft herstellen kann? Wenn nicht, musst du diesen hier unbedingt probieren!

ERGIBT ETWA 1 ½ L KONZENTRAT

1 l lose geschichtete Rosenblätter (150–200 Blütenblätter), gerne Apfelrosen
2 unbehandelte Zitronen
900 g Zucker
30 g Zitronensäure

1. Die Rosenblätter in eine Schüssel mit einem Fassungsvermögen von mindestens 3 l legen.

2. Zitronen heiß abwaschen und in dünne Scheiben schneiden. Zu den Rosenblättern in die Schüssel geben.

3. 1 l Wasser zum Kochen bringen, Zucker einrühren und den Topf von der Herdplatte nehmen, sobald sich der Zucker aufgelöst hat. Die Zitronensäure zugeben und die heiße Zuckerlösung in die Rührschüssel gießen. Umrühren, mit einem Deckel oder Frischhaltefolie abdecken und den Saft 3–4 Tage im Kühlschrank ziehen lassen.

4. Den Saft durch ein Saftsieb oder ein anderes feinmaschiges Sieb gießen und etwa 15 Minuten abtropfen lassen.

5. Den Saft in sorgfältig gereinigte Flaschen abfüllen und gekühlt aufbewahren. Der Saft hält sich etwa 2 Wochen im Kühlschrank und eignet sich hervorragend zum Einfrieren.

Erdbeertorte

Nur wenige Kuchen rufen in gleichem Maße Sommergefühle hervor wie die Erdbeertorte. Aus diesem Grund empfehle ich, jeden Sommer mindestens eine Erdbeertorte zu backen. Diese hier ist intensiv im Geschmack und sehr simpel in der Herstellung. Ich habe 100 ml meines kaltgerührten Erdbeersafts in die Füllung gemischt, man kann aber auch einfach Erdbeeren mit dem Pürierstab mixen und untermischen.

ERGIBT 10 STÜCKE

Für den Tortenboden

etwas geschmolzene Butter für die Form
4 Eier
180 g Zucker
80 g Kartoffelmehl
60 g Weizenmehl (Type 405)
2 TL Backpulver
1 TL Vanillezucker

Für die Füllung und die Dekoration

400 g flüssige Sahne
200 g Frischkäse
120 g Puderzucker
100 ml Erdbeersaftkonzentrat (s. S. 59) oder pürierte Erdbeeren
250 g frische Erdbeeren

1. Den Ofen auf 175 °C Umluft vorheizen. Den Boden und den Rand einer Springform (Durchmesser 20 cm) mit Backpapier auslegen. Den Rand mit geschmolzener Butter einpinseln, so bleibt das Papier an Ort und Stelle. Das Backpapier am oberen Rand der Form einige Zentimeter überstehen lassen.

2. Für den Tortenboden: Die Eier und den Zucker mit dem Handrührgerät in einer Schüssel sehr luftig und schaumig rühren, das dauert etwa 5 Minuten. Das Kartoffel- und das Weizenmehl sowie Backpulver und Vanillezucker in einer Schüssel mischen. Die Mehlmischung in die Zucker-Ei-Mischung sieben und vorsichtig mit einem Teigschaber unterheben, bis keine Klumpen mehr sichtbar sind.

3. Den Teig in die Form gießen und im unteren Teil des Ofens 45–50 Minuten backen. Zum Überprüfen vorsichtig ein Holzstäbchen in die Mitte des Kuchens stechen; kommt das Stäbchen sauber wieder heraus, ist der Kuchen fertig. Den Kuchen in der Form abkühlen lassen und dann in drei gleich dicke Böden teilen.

4. Für die Füllung und die Dekoration: Die Sahne, den Frischkäse und den Puderzucker in einer Schüssel mit dem Handrührgerät zu einer cremigen Masse verrühren. Zuletzt Erdbeersaft oder pürierte Erdbeeren unterrühren.

5. Die Hälfte der Erdbeeren in kleine Stücke schneiden.

6. Einen der Tortenböden auf eine Kuchenplatte legen, mit einer Schicht Füllung bestreichen und Erdbeerstückchen darüberstreuen. Den zweiten Boden auflegen und den Vorgang wiederholen. Den letzten Tortenboden auflegen und die Torte mit der restlichen Füllung bestreichen, bis sie komplett bedeckt ist. Mit übrigen Erdbeeren garnieren.

Kaltgerührter Erdbeersaft

Wenn man diesen Saft trinkt, fühlt es sich an, als würde man pure Erdbeeren trinken. Was für ein Geschmackserlebnis!

ERGIBT ETWA 1 L KONZENTRAT

1 kg frische Erdbeeren
2 TL Zitronensäure
90 g Zucker auf 200 ml abgeseihten Saft (insgesamt 450–540 g)

1. Die Erdbeeren waschen und das Grün entfernen. Mit den Händen zu Mus verarbeiten oder pürieren und in eine Schüssel geben. 500 ml kaltes Wasser und die Zitronensäure untermischen. Mit einem Deckel oder Frischhaltefolie abdecken und 12–24 Stunden kalt stellen.

2. Den Saft durch ein Saftsieb oder ein mit einem dünnen Küchentuch ausgelegtes Küchensieb abseihen. Bei der Verwendung von pürierten Erdbeeren kann es sinnvoll sein, den Saft zunächst durch ein gröberes Sieb abzuseihen, um einen Großteil des Fruchtfleisches und der Kerne zu entfernen und zu verhindern, dass der Saft nur langsam durch das feine Sieb läuft.

3. Den abgeseihten Saft abwiegen und mit dem Zucker verrühren. (Nach dem Abseihen bleibt etwa 1 l Saft übrig). Rühren, bis sich der Zucker aufgelöst hat. Den Saft in sorgfältig gereinigte Flaschen umfüllen.

4. Den Saft nach Geschmack mit Wasser mischen; 1 l Konzentrat ergibt etwa 5 l trinkfertigen Saft. Der Saft hält sich einige Wochen im Kühlschrank, kann aber auch hervorragend eingefroren werden.

Schwedische Franzbrötchen

Eine feine Variante der Zimtschnecke mit extra viel Butter und doppelt so viel vom inneren Teil des Gebäcks. Unglaublich saftig und aromatisch!

ERGIBT ETWA 16 SCHNECKEN

Für den Teig
1 Würfel Hefe (42 g)
200 ml kalte Milch (Fettgehalt: 3,5 %)
200 g weiche Butter
45 g Zucker
1 Ei
½ TL Salz
1 TL Kardamom, frisch gemahlen
480–540 g Weizenmehl (Type 405)

Für die Füllung
100 g weiche Butter
90 g Zucker
1 EL gemahlener Zimt

Zum Bestreichen und Dekorieren
1 Ei
Hagelzucker

1. Für den Teig: Die Hefe in eine Schüssel bröseln und mit der kalten Milch verrühren. Die Butter, den Zucker, das Ei, das Salz, den Kardamom und einen Großteil des Mehls hinzufügen und zügig mit den Händen zu einem geschmeidigen Teig verkneten. Der Teig sollte nicht an den Fingern kleben. Wenn nötig, mehr Mehl zugeben.

2. Die Schüssel mit einem Geschirrtuch abdecken und den Teig ungefähr 1 Stunde gehen lassen, bis er sich in der Größe verdoppelt hat.

3. Für die Füllung: Die Butter mit dem Zucker und dem Zimt verrühren.

4. Den Teig auf eine leicht bemehlte Arbeitsfläche geben, erneut kneten und zu einem großen Rechteck (etwa 70 × 25 cm) ausrollen.

5. Die Füllung auf der gesamten Teigfläche verteilen und den Teig von der Längsseite her aufrollen. Das offene Ende der Rolle soll auf der Arbeitsfläche aufliegen.

6. Die Rolle in breite Stücke (etwa 4 cm) schneiden und diese auf mit Backpapier ausgelegte Backbleche legen. Mit der stumpfen Seite eines Küchenmessers so in die Mitte der Schnecken drücken, dass sie sich an den Seiten leicht auseinanderfalten.

7. Die Bleche mit Teigtüchern abdecken und die Schnecken 30 Minuten gehen lassen. Den Ofen auf 225 °C Umluft vorheizen.

8. Zum Bestreichen und Dekorieren: Das Ei leicht aufschlagen, dann die Schnecken damit bestreichen und mit Hagelzucker bestreuen. Ein Blech nach dem anderen in der Mitte des Ofens 8–10 Minuten backen. Auf einem Kuchengitter unter einem Geschirrtuch abkühlen lassen.

Himbeermuffins mit Streuseln

Muffins und Pie in ein und demselben Gebäck – was kann es Besseres geben? Diese sommerlichen Muffins lassen sich auch ausgezeichnet mit Heidelbeeren herstellen.

ERGIBT ETWA 12 MUFFINS

Für die Muffins
2 Eier
180 g Zucker
100 ml geschmacksneutrales Öl, z. B. Raps- oder Sonnenblumenöl
100 ml Milch
180 g Weizenmehl (Type 405)
1 ½ TL Backpulver
1 TL Vanillezucker
100 g Himbeeren

Für die Streusel
50 g Butter
60 g Haferflocken
4 EL Zucker
60 g Weizenmehl (Type 405)
1 TL Kardamom, frisch gemahlen

1. Den Ofen auf 200 °C Umluft vorheizen. Muffinförmchen auf einem Backblech oder, falls vorhanden, in den Mulden eines Muffinblechs verteilen.

2. Für die Muffins: Die Eier und den Zucker mit dem Handrührgerät schaumig rühren. Das Öl und die Milch hinzufügen.

3. Das Mehl mit dem Backpulver und dem Vanillezucker vermischen und zu den feuchten Zutaten in die Rührschüssel geben. Rühren, bis sich alles miteinander verbunden hat. Die Himbeeren hinzufügen und vorsichtig weiterrühren, ohne die Beeren zu sehr zu zerdrücken.

4. Für die Streusel: Alle Zutaten vermengen und mit den Fingerspitzen zu Streuseln verarbeiten.

5. Den Teig auf die Muffinförmchen verteilen und mit Streuseln bestreuen.

6. In der Mitte des Ofens 20–25 Minuten backen, bis alle Muffins eine schöne Farbe bekommen haben und durchgebacken sind. Zum Überprüfen vorsichtig ein Holzstäbchen in die Mitte eines Muffins stechen; kommt das Stäbchen sauber wieder heraus, sind die Muffins fertig.

Kardamomträumchen

Spricht man über Kekse, die auf der Zunge zergehen, haben diese »Träumchen« zweifelsohne die Nase vorn. Nur wenige können diesen süßen, knusprigen Keksen widerstehen, und auch in Nachtischen verwendet, sind sie nicht zu verachten. Probier doch einmal meine »Vanillesahne mit Brombeerkompott« auf Seite 138 aus, dann wirst du verstehen, was ich meine. Die »Träumchen« sind in allen Desserts deine besten Freunde, in denen etwas Knusper benötigt wird. Diesen Keksen habe ich mit frisch gemahlenem Kardamom eine besondere Note verliehen – so lecker zum Kaffee!

ERGIBT ETWA 20 KEKSE

50 g weiche Butter
135 g Zucker
1 TL Kardamom, frisch gemahlen
50 ml geschmacksneutrales Öl, z. B. Raps- oder Sonnenblumenöl
120 g Weizenmehl (Type 405)
½ TL Hirschhornsalz

1. Den Ofen auf 150 °C Umluft vorheizen. Ein Blech mit Backpapier auslegen.

2. Die Butter mit dem Zucker und dem Kardamom in einer Rührschüssel geschmeidig und schaumig rühren. Das Öl unter Rühren nach und nach zugießen.

3. Das Mehl mit dem Hirschhornsalz mischen und zu den anderen Zutaten geben. Zügig zu einem geschmeidigen Teig verarbeiten.

4. Etwa 1 EL Teig abstechen, zu einer Kugel formen und auf das Blech legen. Mit dem Rest des Teigs ebenso verfahren. Die Kugeln mit etwas Abstand zueinander platzieren, da sie beim Backen leicht auseinandergehen.

5. In der Mitte des Ofens etwa 15 Minuten backen. Während des Backvorgangs den Ofen geschlossen halten, um ein Zusammenfallen der Kekse zu vermeiden. An der Oberfläche der Kekse sollten Risse, jedoch keine Färbung sichtbar sein.

6. Die Kekse auf dem Blech abkühlen lassen.

Nice Cream mit Erdbeeren

Dieses Rezept machen wir im Sommer häufig. So einfach und schnell lässt sich ein leckeres und fruchtiges Eis ohne haufenweise »seltsamer« Zusätze herstellen. Frier gerne gleich mehr Bananenscheiben als benötigt ein – so musst du nie warten, wenn du spontan Lust auf leckeres Eis hast. Erfrischend und perfekt sowohl für Kinder als auch für Erwachsene!

ERGIBT 4 PORTIONEN
2 Bananen, am besten überreif
200 g Erdbeeren, frisch oder gefroren
1 Msp. Vanillepulver
150–200 ml Mandelmilch (alternativ Kuh-, Hafer- oder Sojamilch)

1. Die Bananen schälen, in Scheiben schneiden und einfrieren.

2. Die Bananen, die Erdbeeren, das Vanillepulver und einen Großteil der Mandelmilch in einen Mixbehälter geben. Mixen, bis alles gut durchmengt und fein püriert ist. Eventuell etwas mehr Milch zugeben, dabei aufpassen, dass die Mischung nicht zu flüssig wird.

3. Direkt servieren oder einfrieren. Hier habe ich die Masse in kleinen Eisförmchen eingefroren. Falls die gesamte Masse in einer großen Form eingefroren wird, das Eis ein paar Minuten vor dem Servieren aus dem Gefrierfach nehmen, damit es etwas weicher wird.

Sonnenscheinwecken

Creme-, Vanille- oder Sonnenschein-wecken – dieses Gebäck hat viele Namen. Es schmeckt lecker, wie es ist, aber auch eine Variation mit Beeren oder Johannisbeerblatt-Zucker (s. S. 70) ist denkbar.

ERGIBT 24 STÜCK

Für den Teig
500 ml Milch (Fettgehalt: 3,5 %)
1 Würfel Hefe (42 g)
135 g Zucker
2 TL Kardamom, frisch gemahlen
1 TL Salz
780–840 g Weizenmehl (Type 550)
150 g weiche Butter

Für die Vanillecreme
250 ml Milch
Hälfte von 1 Vanilleschote
3 Eigelb
70 g Zucker
2 EL Speisestärke
25 g Butter

Für die Dekoration
50 g Butter, geschmolzen
135 g Zucker
evtl. frische Himbeeren

1. Für den Teig: Die Milch auf 37 °C erwärmen. Die Hefe in eine Schüssel bröseln und mit der Milch übergießen. Umrühren, bis sich die Hefe aufgelöst hat. Den Zucker, den Kardamom, das Salz, einen Großteil des Mehls und die Butter in Stückchen hinzufügen. Den Teig 10 Minuten in der Küchenmaschine oder doppelt so lange mit den Händen kneten. Mit einem Geschirrtuch abdecken und 30 Minuten gehen lassen.

2. Für die Vanillecreme: Die Milch in einen Topf gießen. Die Vanilleschote der Länge nach teilen, das Mark herauskratzen und mit der Schote in den Topf geben. Aufkochen und den Topf von der Herdplatte nehmen. 10–15 Minuten ziehen lassen.

3. Die Eigelbe mit dem Zucker und der Speisestärke schaumig rühren. In den Topf geben und unter Rühren aufkochen. Dann bei niedriger Temperatur einige Minuten köcheln lassen. Von der Herdplatte nehmen, die Vanilleschote entfernen und die Butter hinzufügen. Umrühren, bis die Butter sich vollständig aufgelöst hat. Die Creme in eine Schale füllen und abkühlen lassen.

4. Den Teig auf einer bemehlten Arbeitsfläche kurz durchkneten und in 24 Stücke teilen. Zu Kugeln formen und auf zwei mit Backpapier ausgelegte Backbleche legen. Die Kugeln unter einem Geschirrtuch so lange gehen lassen, bis sie sich in ihrer Größe verdoppelt haben. Das dauert etwa 30 Minuten. Den Ofen auf 225 °C Umluft vorheizen.

5. Den Boden eines Glases mit Mehl bestauben und tiefe Kuhlen in die Mitte der Kugeln drücken. Mit einem Löffel die Creme in die Vertiefungen verteilen.

6. In der Mitte des Ofens 8–10 Minuten backen, bis die Hefeteilchen eine schöne goldbraune Farbe bekommen haben. Die Teilchen aus dem Ofen nehmen und auf einem Kuchengitter abkühlen lassen.

7. Für die Dekoration: Das Gebäck mit der Butter bepinseln und in Zucker wenden. Die Cremefüllung dabei aussparen. Nach Belieben mit Himbeeren verzieren.

Johannisbeerblatt-Zucker

Dieser Zucker bringt den feinen Geschmack von Schwarzen Johannisbeeren mit, und erst der Duft … einfach wunderbar! Anwendbar für alle Süßspeisen, die einen besonderen Twist gebrauchen können, in Gebäck oder als Dekoration, zum Beispiel auf den »Sonnenscheinwecken« im vorhergehenden Rezept.

ERGIBT 180 G FERTIGEN ZUCKER
10–12 Schwarze-Johannisbeer-Blätter
180 g Zucker

1. Die Blätter in einem Mixer fein hacken. Den Zucker hinzufügen und mixen, bis er eine schöne grüne Farbe angenommen hat.

2. Backpapier auf einem Blech oder Tablett auslegen, den Zucker daraufstreuen und über Nacht trocknen lassen.

3. Eventuell entstandene Klümpchen zerbröseln und anschließend den Zucker in ein sauberes Schraubglas füllen.

Lavendelzucker

Auch dieser aromatisierte Zucker eignet sich hervorragend zum Variieren von Gebäck. Verwende doch einmal Lavendelzucker anstelle von herkömmlichem Zucker in Rührkuchen oder Muffins. Überraschend lecker!

ERGIBT 180 G FERTIGEN ZUCKER
2 EL frisch ausgetriebene Lavendelblüten
180 g Zucker

1. Die Blüten abzupfen und einige Tage trocknen lassen. Die Blüten und den Zucker in einem Schraubglas schichten und etwa 1 Woche an einem trockenen Ort ohne direkte Sonneneinstrahlung stehen lassen.

2. Jetzt kann der Zucker verwendet werden! Die Mischung kann nach Belieben im Mixer zu einem feinen Pulver verarbeitet werden; ich persönlich mag es ja, wenn der Zucker noch kleine Blütenteilchen enthält.

Schwedenkuchen

Ein fluffig-weicher Rührkuchen, der durch seine einfache Füllung aus Butter, Milch und Vanille besonders saftig wird. Dieser Kuchen hat viele Namen und ist mein absoluter Kaffeekränzchen-Favorit – zudem hat man meist alle benötigten Zutaten zur Hand. Es macht nichts, wenn etwas übrig bleibt, da der »Schwedenkuchen« am nächsten Tag noch genauso lecker schmeckt, wenn er ordentlich durchgezogen ist.

ERGIBT 10–12 STÜCKE

Für die Böden
etwas Butter zum Fetten + Semmelbrösel zum Ausstreuen der Form
3 Eier
270 g Zucker
180 g Weizenmehl (Type 405)
2 TL Backpulver
Abrieb von 1 unbehandelten Zitrone
Puderzucker zum Bestauben

Für die Füllung
100 ml Milch
125 g Butter
3 EL Vanillezucker

1. Für die Böden: Den Ofen auf 175 °C Umluft vorheizen. Backpapier am Boden einer Springform (Durchmesser etwa 22 cm) befestigen. Den Rand der Form fetten und mit Semmelbröseln ausstreuen.

2. Die Eier und den Zucker mit dem Handrührgerät sehr schaumig rühren; das dauert etwa 5 Minuten.

3. Das Mehl mit dem Backpulver vermischen und zusammen mit dem Zitronenabrieb und 100 ml heißem Wasser in die Rührschüssel geben. Zügig zu einer glatten Masse verrühren und in die Springform füllen.

4. In der Mitte des Ofens 30–40 Minuten backen. Zum Überprüfen vorsichtig ein Holzstäbchen in die Mitte des Kuchens stechen; kommt das Stäbchen sauber wieder heraus, ist der Kuchen fertig. Den Kuchen in der Form abkühlen lassen. Dann in zwei Böden teilen.

5. Für die Füllung: Die Milch, die Butter und den Vanillezucker in einem Topf unter Rühren aufkochen lassen. Die Flüssigkeit über die beiden Schnittflächen der Kuchenböden gießen. Die Flächen sollten gut getränkt sein.

6. Die Böden zusammensetzen und den Kuchen kalt stellen, bis sich die Füllung gesetzt hat; das dauert etwa 1 Stunde. Sobald sich die Füllung verfestigt hat, muss der Kuchen nicht mehr gekühlt werden.

7. Mit Puderzucker bestauben und servieren.

Sommerliche Mandeltörtchen

»Mandeltörtchen« sind bei uns ein beliebtes Weihnachtsgebäck, aber sie schmecken im Sommer mindestens genauso lecker. Für mich sind sie ein edles Gebäck zum Kaffee, womöglich anstelle einer Torte? Die Füllung kann variiert werden – wieso also nicht mehrere Sorten zubereiten und bei der nächsten Gelegenheit anbieten? Diese hier habe ich mit Vanillesahne und frischen Beeren gefüllt, aber der Kreativität sind keine Grenzen gesetzt. Auch verschiedene Konfitüresorten, Lemon Curd oder Haselnusscreme eignen sich als Füllung.

ERGIBT ETWA 40 STÜCK

Für die Törtchen
125 g Mandelmehl oder ganze Mandeln
135 g Zucker
200 g weiche Butter + etwas zusätzlich zum Einfetten der Förmchen
1 Ei
2–3 Tropfen Bittermandelaroma
240 g Weizenmehl (Type 405)

Für die Füllung
300 g flüssige Sahne, geschlagen
2 TL Vanillezucker
gemischte frische Beeren

1. Für die Törtchen: Falls kein Mandelmehl verwendet wird, die Mandeln abbrühen, schälen und fein mahlen.

2. Den Zucker und die Butter verrühren. Das Mandelmehl, das Ei, das Bittermandelaroma und das Weizenmehl hinzufügen und zu einem geschmeidigen Teig verarbeiten. Den Teig in Frischhaltefolie wickeln und im Kühlschrank 1 Stunde ruhen lassen.

3. Den Ofen auf 200 °C Umluft vorheizen.

4. Kleine Metallförmchen mit Butter einpinseln und den Teig dünn hineindrücken. Für gewöhnlich lasse ich den Teig leicht am Förmchenrand überstehen und schneide im Anschluss den Überschuss ab. Die Förmchen auf ein Blech stellen.

5. Die Mandeltörtchen im unteren Teil des Ofens etwa 8 Minuten backen, bis sie eine schöne goldbraune Farbe bekommen haben.

6. Die Törtchen etwas abkühlen lassen und anschließend vorsichtig aus den Förmchen lösen. Abkühlen lassen.

7. Die Törtchen mit geschlagener Sahne und Beeren füllen und direkt servieren.

American Pancakes

Alle, die mir auf Social Media folgen, wissen, dass ich verrückt nach Pfannkuchen aller Art bin. Hier lade ich dich zu fluffigen amerikanischen Pfannkuchen ein, wie gemacht für ein gemütliches Frühstück. Oder wieso nicht als Zwischenmahlzeit genießen? Der Fichtenspitzen- oder der Fliedersirup aus diesem Buch passen perfekt zu diesen Pfannküchlein.

ERGIBT 4 PORTIONEN
300 g Weizenmehl (Type 405)
2 TL Backpulver
½ TL Salz
1 TL Vanillezucker
250 ml Milch
1 Ei
2 EL Butter, geschmolzen
Butter zum Braten

Serviervorschlag
Fichtenspitzensirup, s. S. 43
Fliedersirup, s. S. 27
Ahornsirup
geschlagene Sahne
frische Beeren oder Konfitüre
Eis

1. Die trockenen Zutaten in einer Rührschüssel vermischen.

2. Die Milch hineingießen und alles zu einem glatten Teig verrühren. Zuletzt das Ei und die geschmolzene Butter unterrühren.

3. Etwas Butter in einer Pfanne bei mittlerer Temperatur schmelzen und den Teig in Klecksen hineinsetzen. Die Pancakes ausbacken, bis sie eine goldene Farbe bekommen haben, dann wenden und ebenso verfahren. Den Vorgang wiederholen, bis der Teig aufgebraucht ist.

4. Die Pancakes mit der gewünschten Beilage servieren und einfach genießen!

Erdbeer-Cobbler

Cobbler ist ein klassisch amerikanisches Gebäck, das man vielleicht als eine Art Pie-Kuchen-Kombi bezeichnen könnte. Ich habe mich bei meinem Cobbler für Erdbeeren entschieden, aber auch andere Beeren- oder Obstsorten eignen sich gut als Füllung. Einfach ausprobieren! Lauwarm serviert mit Vanilleeis oder kaltgerührter Vanillesauce, gibt der Cobbler einen wunderbaren Nachtisch ab.

ERGIBT 8 PORTIONEN

Für den Teig
240 g Weizenmehl (Type 405)
90 g Zucker
2 TL Backpulver
2 TL Vanillezucker
½ TL Salz
100 g Butter
100 ml Milch
1 Ei

Für die Füllung
300 g frische Erdbeeren
45 g Rohrohrzucker (oder normaler Zucker)

Serviervorschlag
kaltgerührte Vanillesauce oder Vanilleeis, s. S. 167 und 168

1. Den Ofen auf 200 °C Umluft vorheizen.

2. Die Erdbeeren waschen, das Grün entfernen und die Beeren in Stücke schneiden.

3. Für den Teig: Alle trockenen Zutaten in einer Rührschüssel vermischen. Die Butter in Stückchen hinzufügen und mit den Fingerspitzen zu einem krümeligen Teig verarbeiten. Die Milch und das Ei zugeben und zügig zu einem lockeren Teig verkneten. Den Teig in eine ofenfeste Form (etwa 25 × 20 cm) drücken.

4. Für die Füllung: Die Erdbeeren gleichmäßig auf dem Teigboden verteilen und mit dem Zucker bestreuen.

5. Den Cobbler in der Mitte des Ofens 25–30 Minuten backen, bis er eine schöne Farbe bekommen hat.

6. Lauwarm mit kaltgerührter Vanillesauce oder Vanilleeis servieren.

Schokoladentorte mit Kirschen

Was für ein Prachtstück! Eine Schokoladentorte, die beeindruckt und auch noch unglaublich lecker schmeckt – saftige Schokoladenböden, frische Kirschmousse und obendrauf eine cremige Schokomousse. Besser wird's nicht!

ERGIBT 12 STÜCKE

Für die Böden
etwas Butter zum Einpinseln
300 g Weizenmehl (Type 405)
450 g Zucker
80 g Kakao + etwas zum Bestauben
1 ½ EL Backpulver
1 TL Salz
1 EL Vanillezucker
250 ml Milch
100 ml geschmacksneutrales Öl, z. B. Raps- oder Sonnenblumenöl
2 Eier

Für die Kirschmousse
250 g Kirschen, entkernt
95 g Gelierzucker für Beeren
300 g flüssige Sahne

Für die Schokomousse
150 g flüssige Sahne
20 g Kakao
45 g Zucker
frische Kirschen zum Garnieren

1. Den Ofen auf 175 °C Umluft vorheizen.

2. Für die Böden: Backpapier auf den Böden von zwei Springformen (Durchmesser 18–20 cm) einspannen. Den Rand jeweils mit geschmolzener Butter einpinseln und mit Kakao bestauben.

3. Die trockenen Zutaten vermischen. Die Milch, das Öl und die Eier hinzufügen. Mit dem Handrührgerät zu einem glatten Teig verrühren. 250 ml kochendes Wasser unter ständigem Rühren zugießen und abschließend 1 Minute bei höchster Stufe rühren.

4. Den Teig auf die Formen verteilen und in der Mitte des Ofens 35–40 Minuten backen. Zum Überprüfen vorsichtig ein Holzstäbchen in die Mitte eines Kuchens stechen; kommt das Stäbchen sauber wieder heraus, sind die Kuchen fertig. Die Böden 10 Minuten in den Formen abkühlen lassen. Danach aus den Formen lösen und abkühlen lassen.

5. Die oberste Schicht der Kuchen abschneiden und die Teigböden dann jeweils halbieren, sodass insgesamt vier Böden entstehen.

6. Für die Kirschmousse: Die Kirschen und den Gelierzucker in einem Topf aufkochen und 5 Minuten köcheln lassen, bis die Kirschen weich sind. Dann abkühlen lassen.

7. Die Sahne steif schlagen und mit dem Kompott vermengen. Zwei Drittel der Mousse auf den Böden verteilen – den am Ende oben liegenden Tortenboden aussparen. Die Torte zusammensetzen und mit der restlichen Mousse außen komplett bestreichen. Kalt stellen.

8. Für die Schokomousse: In einer Schüssel die Sahne, den Kakao und den Zucker verrühren. 15 Minuten kalt stellen, dann mit dem Schneebesen aufschlagen.

9. Die Schokomousse auf der Oberseite der Torte verstreichen oder aufspritzen und mit Kirschen dekorieren.

Lavendeleis

Lavendel und Vanille – was für eine himmlische Kombination! Das Eis kann genau so genossen werden, wie es ist, du kannst das Ganze aber auch noch ein bisschen edler gestalten, indem du es mit einem Stück in Butter angebratenem Rührkuchen servierst. Für dieses Rezept brauchst du eine Eismaschine.

ERGIBT 4 PORTIONEN
1 Blatt Gelatine
200 g flüssige Sahne
200 ml Milch
1 EL Honig
3 Eigelb
90 g Lavendelzucker, s. S. 70
2 TL Vanillezucker

1. Die Gelatine in kaltem Wasser einweichen.

2. Die Sahne, die Milch, den Honig, die Eigelbe, den Lavendelzucker und den Vanillezucker in einem Topf verrühren. Die Mischung unter Rühren auf 85 °C erhitzen.

3. Den Topf von der Herdplatte ziehen. Das Gelatineblatt aus dem Wasser nehmen und abtropfen lassen. Die Gelatine zu den anderen Zutaten in den Topf geben und unterrühren. Die Masse abkühlen und im Anschluss im Kühlschrank erkalten lassen.

4. Die Eismasse in der Eismaschine so lange rühren, bis sie sehr cremig und dick ist. Das Eis für 2–3 Stunden in das Gefrierfach stellen.

Pavlova mit Joghurtsahne

Eine schöne und beeindruckende Pavlova! Mit frischer Joghurtsahne und haufenweise Beeren ist sie zugleich erfrischend, süß, sommerlich lecker und für die hübsche Kaffeetafel ebenso geeignet wie als Nachtisch. Der Boden kann mehrere Tage im Voraus zubereitet und erst kurz vor dem Servieren belegt werden.

ERGIBT 8 PORTIONEN

Für den Baiserboden
6 zimmerwarme Eiweiß
1 TL Zitronensaft, frisch gepresst
270 g Zucker
1 EL Speisestärke

Für die Füllung und die Dekoration
300 g flüssige Sahne
2 TL Vanillezucker
100 g griechischer Joghurt
250–300 g gemischte frische Beeren
Zitronenmelisse

1. Den Ofen auf 175 °C Umluft vorheizen.

2. Für den Baiserboden: Das Eiweiß in eine fettfreie Schüssel – vorzugsweise aus Glas oder Metall – geben und mit dem Handrührgerät so lange rühren, bis es steif geschlagen ist.

3. Nach und nach den Zitronensaft und den Zucker hinzufügen, dabei weiter rühren. Fortfahren, bis die Masse glatt und glänzend ist. Mit den Fingerspitzen überprüfen, ob sich die Zuckerkristalle aufgelöst haben. Die Speisestärke zugeben und sorgfältig mit einem Teigschaber unterheben.

4. Ein Backblech mit Backpapier auslegen und die Baisermasse zu einem Berg (Durchmesser etwa 20 cm) auftürmen. Eine Vertiefung in die Mitte drücken und mit dem Teigschaber am Rand entlang einige Streifen einziehen.

5. Im unteren Teil des Ofens 5 Minuten backen, dann die Temperatur auf 125 °C senken und weitere 60 Minuten backen. Den Ofen ausschalten und den Baiserboden bei geschlossener Ofentür abkühlen lassen.

6. Für die Füllung und die Dekoration: Die Sahne mit dem Vanillezucker mischen und steif schlagen. Den Joghurt mit einem Teigschaber unterheben. Die Pavlova mit der Joghurtmasse füllen und mit den Beeren und Zitronenmelisse garnieren.

Heidelbeerkuchen mit knuspriger Haferkruste

Heidelbeeren und Knusperkruste in einem Gebäck ... Das klingt nach einem Traum? Ja, dieser Kuchen ist wirklich traumhaft lecker! Eine gelungene Kombination aus Rührkuchen und Kleingebäck mit Heidelbeergeschmack.

ERGIBT 16 STÜCKE

Für den Boden
270 g Weizenmehl (Type 405)
90 g Zucker
2 TL Backpulver
150 g weiche Butter
1 Ei

Für die Füllung
190 g Heidelbeerkonfitüre

Für die Haferkurste
75 g Butter
70 g Zucker
1 EL heller Zuckerrübensirup
1 EL Weizenmehl (Type 405)
1 EL Milch
80 g Haferflocken

1. Für den Boden: Den Ofen auf 200 °C Umluft vorheizen. Eine ofenfeste Form (etwa 20 × 20 cm) mit Backpapier auskleiden.

2. Das Mehl mit dem Zucker und dem Backpulver in einer Schüssel vermischen. Die Butter in Stückchen sowie das Ei hinzufügen und mit den Händen zu einem krümeligen Teig verarbeiten.

3. Den Teig gleichmäßig auf dem Boden der Form verteilen, mit der Rückseite eines Löffels die Fläche glätten. **Für die Füllung:** Die Heidelbeerkonfitüre darauf verstreichen.

4. Für die Haferkruste: Die Butter, den Zucker, den Sirup, das Mehl und die Milch in einem Topf mischen und aufkochen. 1 Minute unter Rühren köcheln lassen. Den Topf von der Herdplatte nehmen und die Haferflocken einrühren. Die Masse gleichmäßig in Klecksen auf dem Kuchen verteilen.

5. In der Mitte des Ofens 20–25 Minuten backen, bis der Kuchen eine schöne goldbraune Farbe bekommen hat.

6. Den Kuchen in der Form abkühlen lassen, dann in Stücke schneiden.

Johannisbeerkuchen

Ein süß-saurer Kuchen, den ich oft backe, wenn die Johannisbeeren schön reif sind. Er schmeckt sowohl mit Schwarzen als auch mit Roten Johannisbeeren – oder warum nicht beide mischen?

ERGIBT ETWA 20 STÜCKE
100 g Butter
3 Eier
270 g Zucker + 2 EL zum Bestreuen
2 TL Vanillezucker
210 g Weizenmehl (Type 405)
1 TL Backpulver
150 g Rote und/oder Schwarze Johannisbeeren

1. Den Ofen auf 200 °C Umluft vorheizen. Eine Form (etwa 30 × 25 cm) mit Backpapier auslegen.

2. Die Butter schmelzen. Die Eier, den Zucker und den Vanillezucker mit dem Handrührgerät sehr schaumig schlagen.

3. Das Mehl mit dem Backpulver mischen und zusammen mit der geschmolzenen Butter in die Zucker-Ei-Masse einrühren.

4. Den Teig gleichmäßig auf dem Boden der Form verteilen, mit Beeren bedecken und mit 2 EL Zucker bestreuen.

5. In der Mitte des Ofens 20–25 Minuten backen. Zum Überprüfen vorsichtig ein Holzstäbchen in die Mitte des Kuchens stechen; kommt das Stäbchen sauber wieder heraus, ist der Kuchen fertig.

6. Den Kuchen in der Form abkühlen lassen und im Anschluss in Stücke schneiden.

Karotten-*Kladdkaka* mit Mohn

Gibt es etwas Besseres als einen klassischen Karottenkuchen? Falls ja, dann wäre es diese Variante: Karottenkuchen im traditionell üppigen *Kladdkaka*-Gewand – in Form eines schwedischen »Mud Cake« also – mit einem samtigen Frosting.

ERGIBT 10 STÜCKE

Für den *Kladdkaka*
etwas Butter zum Fetten + Semmelbrösel zum Ausstreuen der Form
150 g Butter
3 Eier
225 g Zucker
120 g Weizenmehl (Type 405)
1 TL Vanillezucker
2 TL gemahlener Zimt
2–3 mittelgroße Karotten, fein gerieben

Für das Frosting
75 g weiche Butter
90 g Puderzucker
1 TL Vanillezucker
100 g Frischkäse
Mohnsamen zum Bestreuen

1. Den Ofen auf 175 °C Umluft vorheizen. Den Boden einer Springform (Durchmesser 20 cm) mit Backpapier auslegen. Den Rand einfetten und mit Semmelbröseln ausstreuen.

2. Für den *Kladdkaka*: Die Butter schmelzen und etwas abkühlen lassen.

3. Die Eier mit dem Zucker verquirlen. Das Mehl, den Vanillezucker, den Zimt, die Karotten und die geschmolzene Butter hinzufügen und alles zu einem glatten Teig verarbeiten, ohne dabei unnötig lange zu rühren. Den Teig in die Form gießen.

4. In der Mitte des Ofens 25–30 Minuten backen. Wenn der Kuchen fertig gebacken ist, sollte er in der Mitte nicht fest sein, sondern sich noch leicht bewegen.

5. Den Kuchen abkühlen lassen, dafür gerne für ein paar Stunden kalt stellen.

6. Für das Frosting: Die Butter, den Puderzucker und den Vanillezucker mit dem Handrührgerät vermengen. Zuletzt den Frischkäse zugeben und alles zu einem cremigen Frosting verrühren.

7. Den abgekühlten Kuchen auf eine Tortenplatte setzen, mit Frosting bestreichen und mit Mohnsamen bestreuen.

Pfannenkuchen

Das Rezept ist eines der einfachsten, die es gibt – und trotzdem wird dieser Pfannenkuchen unheimlich lecker! Ich backe ihn oft und variiere dabei mit Beeren und Früchten der Saison, wie beispielsweise Rhabarber, dünnen Apfel- oder Pflaumenscheiben. Hier habe ich eine ganze Menge Heidelbeeren verwendet. Ich mache den Kuchen in einer gusseisernen Pfanne, aber eine gewöhnliche Spring- oder Tarteform eignet sich gleichermaßen.

Für 6 Stücke
125 g Butter
135 g Zucker
1 Ei
90 g Weizenmehl (Type 405)
100–150 g Beeren oder andere Früchte
Hagelzucker zum Bestreuen

Serviervorschlag
evtl. kaltgerührte Vanillesauce oder Vanilleeis, s. S. 167 und 168

1. Den Ofen auf 225 °C Umluft vorheizen. Eine Form (Durchmesser etwa 25 cm) fetten.

2. Die Butter in einem Topf schmelzen. Den Topf von der Herdplatte nehmen und den Zucker einrühren.

3. Das Ei und das Mehl hinzufügen und alles zu einem glatten Teig verrühren. Den Teig gleichmäßig in der Form verteilen, Beeren oder andere Früchte darauf arrangieren und mit Hagelzucker bestreuen.

4. In der Mitte des Ofens 15–20 Minuten backen. Der Kuchen sollte in der Mitte »speckig« sein.

5. Nach Belieben mit kaltgerührter Vanillesauce oder Vanilleeis servieren.

Marzipankuchen mit Pflaumen

In Schweden sind *Mazariner*, kleine Törtchen aus Mürbeteig, die mit einer Mandelmasse gefüllt und mit dickflüssigem Zuckerguss überzogen werden, sehr beliebt. Wenn man diesen Kuchen isst, ist es, als würde man den inneren – und damit den besten – Teil eines dieser Törtchen essen. Die frischen Pflaumenscheiben, die hier verwendet werden, heben den Geschmack auf eine ganz neue Ebene.

ERGIBT 16 STÜCKE

200 g Butter
3 Eier
225 g Zucker
200 g Marzipan-Rohmasse, gerieben
150 g Weizenmehl (Type 405)
5–6 Pflaumen
2 EL Rohrohrzucker
2 TL gemahlener Zimt

1. Den Ofen auf 175 °C Umluft vorheizen. Eine Form (etwa 20 × 20 cm) mit Backpapier auslegen.

2. Die Butter schmelzen. In einer Schüssel die Eier und den Zucker verrühren. Die Marzipan-Rohmasse und die geschmolzene Butter hinzufügen. Zuletzt das Mehl unterrühren. Den Teig in der Form verteilen.

3. Die Pflaumen halbieren, entkernen und in Scheiben schneiden. Die Scheiben auf dem Kuchen verteilen und ungefähr bis zur Hälfte hineindrücken. Den Rohrohrzucker mit dem Zimt mischen und darüberstreuen.

4. In der Mitte des Ofens 40–45 Minuten backen. Zum Überprüfen vorsichtig ein Holzstäbchen in die Mitte des Kuchens stechen; kommt das Stäbchen sauber wieder heraus, ist der Kuchen fertig.

5. Den Kuchen abkühlen lassen, bevor er in Stücke geschnitten wird.

Geranienkuchen

Die Duftpelargonien-Art mit dem Namen »Doktor Westerlund«, auch bekannt als Rosengeranie, duftet nicht nur magisch – sie ist auch noch lecker! Sie schmeckt auf eine wunderbar blumige Art nach Sommer. In Torsåker, einem Ort in der Nähe meines Heimatortes Hofors, gibt es ein fantastisches Pelargonien-Museum, in dem sie diesen fast schon berühmten Kuchen servieren. Im Museum gibt es über 200 verschiedene Pelargonien-Arten, und es ist eine wahre Freude, sie alle in ihrer Pracht bestaunen zu können. Solltest du zufällig einmal dort vorbeikommen, lohnt es sich, eine Kaffeepause einzulegen und den Kuchen zu kosten.

ERGIBT 10 STÜCKE

Für den Teig
etwas Butter zum Fetten + Semmelbrösel zum Ausstreuen der Form
180 g Zucker
10 grüne Blätter der »Doktor-Westerlunds-Blume« (Rosengeranie) + 5 Blätter für die Glasur, fein gehackt + evtl. zusätzliche Blätter und Blüten für die Dekoration
150 g weiche Butter
2 Eier
120 g Weizenmehl (Type 405)

Für die Glasur
90 g Puderzucker

1. Den Ofen auf 175 °C Umluft vorheizen. Eine Springform (Durchmesser 18–20 cm) fetten und mit Semmelbröseln ausstreuen.

2. Für den Teig: Den Zucker und zehn Geranienblätter im Mixer zu grünem Zucker verarbeiten.

3. Den Geranienzucker und die Butter mit dem Handrührgerät sehr schaumig rühren, danach ein Ei nach dem anderen hinzufügen. Zum Schluss das Mehl einrühren.

4. Den Teig gleichmäßig in der Form verteilen und in der Mitte des Ofens 25–30 Minuten backen. Zum Überprüfen vorsichtig ein Holzstäbchen in die Mitte des Kuchens stechen; kommt das Stäbchen sauber wieder heraus, ist der Kuchen fertig. Den Kuchen abkühlen lassen.

5. Für die Glasur: Mit dem Puderzucker und etwa 1 EL Wasser einen recht dickflüssigen Guss anmischen und die fein gehackten Blätter hinzufügen. Die Glasur auf dem Kuchen verteilen und nach Belieben mit Blättern und Blüten verzieren.

Erdbeer-*Kladdkaka* mit weißer Schokolade

***Kladdkaka* alias schwedischer »Mud Cake« + Erdbeeren + weiße Schokolade – kann es im Hinblick auf Konsistenz und Geschmack etwas Besseres geben? Selbstverständlich nicht! Das hier ist ein echter Sommer-*Kladdkaka*.**

ERGIBT 8 STÜCKE

etwas Butter zum Fetten + Semmelbrösel zum Ausstreuen der Form
100 g Butter
100 g weiße Schokolade
135 g Zucker
2 Eier
150 g Weizenmehl (Type 405)
etwa 100 g Erdbeeren
Puderzucker zum Bestauben

1. Den Ofen auf 200 °C Umluft vorheizen. Den Boden einer Springform (Durchmesser 20 cm) mit Backpapier auslegen. Den Rand fetten und mit Semmelbröseln ausstreuen.

2. Die Butter in einem Topf schmelzen. Den Topf von der Herdplatte nehmen, die Schokolade einrühren und in der Butter schmelzen lassen. Im Anschluss den Zucker und ein Ei nach dem anderen unterrühren. Zuletzt das Mehl hinzufügen und alles zu einem glatten Teig verarbeiten, ohne dabei unnötig lange zu rühren. Den Teig gleichmäßig in der Form verteilen.

3. Die Erdbeeren vom Grün befreien und in Stücke schneiden. Auf dem gesamten Teig verteilen.

4. In der Mitte des Ofens 15–20 Minuten backen. Bei einer Backzeit von 15 Minuten erhält man einen sehr »klebrigen« Kuchen. Nach 20 Minuten ist er nur noch leicht speckig.

5. Den Kuchen abkühlen lassen, danach für einige Stunden kalt stellen, bevor er serviert wird. Vor dem Servieren mit Puderzucker bestauben.

Haselnussbaiser-Rolle mit Walderdbeeren

Walderdbeeren gehören wohl zu den edelsten Zutaten, mit denen man backen kann. Sie eignen sich perfekt als Füllung für eine Baiserrolle – oder als Tortendekoration. Außerdem gibt es wohl nichts, was mehr nach Sommer schmeckt als Walderdbeeren.

ERGIBT 8 PORTIONEN

Für den Baiserboden
4 Eiweiß
180 g Zucker
100 g gemahlene Haselnusskerne
30 g Speisestärke

Für die Füllung und die Dekoration
300 g flüssige Sahne
1 EL Vanillezucker
120 g Walderdbeeren
Puderzucker zum Bestauben

1. Den Ofen auf 175 °C Umluft vorheizen. Backpapier auf einem Backblech auslegen.

2. Für den Baiserboden: Das Eiweiß und die Hälfte des Zuckers in einer fettfreien Rührschüssel – vorzugsweise aus Glas oder Metall – mit dem Handrührgerät zu einer festen Baisermasse schlagen. Den restlichen Zucker hinzufügen und weitere 2 Minuten rühren. Die gemahlenen Haselnüsse und die Speisestärke sorgfältig vermischen und vorsichtig mit einem Teigschaber unter die Baisermasse heben.

3. Die Masse in einen Spritzbeutel füllen und dicht an dicht Stränge in der Länge des Backblechs aufspritzen.

4. Den Baiserboden in der Mitte des Ofens 18–20 Minuten backen, bis das Baiser eine schöne Farbe bekommen hat. Auf dem Blech abkühlen lassen.

5. Den Boden auf ein weiteres Backpapier stürzen, sodass die Unterseite nach oben zeigt.

6. Für die Füllung: Die Sahne zusammen mit dem Vanillezucker steif schlagen.

7. Die Sahne gleichmäßig auf dem Boden verteilen und die Walderdbeeren darüberstreuen. Wie eine Biskuitrolle von der Längsseite her aufrollen.

8. Mit Puderzucker bestauben und bis zum Servieren im Kühlschrank aufbewahren.

Pinocchio-Torte mit roten Beeren

Dieses Gebäck hat viele verschiedene Namen, aber für mich ist es eine Pinocchio-Torte. In der Füllung kannst du verschiedene Früchte oder Beeren der Saison ausprobieren. Hier verwende ich eine Mischung aus roten Beeren.

ERGIBT 10–12 STÜCKE

Für den Boden
geschmacksneutrales Öl zum Bestreichen
75 g weiche Butter
90 g Zucker
4 Eigelb
90 g Weizenmehl (Type 405)
2 TL Backpulver
50 ml Milch

Für das Baiser
4 Eiweiß
180 g Zucker
1 TL Zitronensaft, frisch gepresst
50 g Mandelblättchen

Für die Füllung
300 g flüssige Sahne
1 EL Vanillezucker
250 g Beeren oder andere Früchte

1. Den Ofen auf 150 °C Umluft vorheizen. Ein tiefes Backblech (etwa 40 × 30 cm) mit Backpapier auslegen. Dieses dünn mit Öl bestreichen.

2. Für den Boden: In einer Schüssel die Butter und den Zucker mit dem Handrührgerät schaumig schlagen, ein Eigelb nach dem anderen unter Rühren hinzufügen. Das Mehl mit dem Backpulver vermischen und in die Schüssel sieben, die Milch hinzufügen und alles mit einem Teigschaber zu einem glatten Teig verrühren.

3. Für das Baiser: Das Eiweiß in einer fettfreien Schüssel – vorzugsweise aus Glas oder Metall – steif schlagen. Unter Rühren nach und nach den Zucker sowie den Zitronensaft hinzugeben. Weiterschlagen, bis sich die Zuckerkristalle aufgelöst haben und die Masse fest und glänzend ist.

4. Den Kuchenteig gleichmäßig mit einem Spatel oder einem Teigschaber auf dem Backblech verteilen. Die Baisermasse darauf verstreichen und zuletzt die Mandelblättchen darüberstreuen. Für gewöhnlich verstreiche ich den Teig und das Baiser nicht bis zum Rand, sondern lasse 2–3 cm Abstand, damit der Kuchen genug Platz hat, sich im Ofen noch etwas auszubreiten.

5. In der Mitte des Ofens 35–40 Minuten backen, bis das Baiser einen leichten Goldton angenommen hat. Den Boden mit dem Backpapier vom Blech ziehen und abkühlen lassen.

6. Für die Füllung: Die Sahne zusammen mit dem Vanillezucker steif schlagen.

7. Den Tortenboden wenden und vorsichtig das Backpapier abziehen. Danach den Boden längs in zwei gleich große Hälften teilen. Einen Boden so drehen, dass die Baiserseite nach oben zeigt, und mit Sahne bestreichen. Die Beeren nach Belieben halbieren und auf der Sahne verteilen. Den zweiten Boden so auflegen, dass auch hier die Baiserseite nach oben zeigt.

Gefrorener Cheesecake mit brauner Butter und Heidelbeeren

Ein erfrischender Sommerfavorit, den die braune Butter auf eine komplett neue Ebene befördert. Aufgrund der Tatsache, dass dieser Cheesecake eingefroren wird, lässt er sich perfekt im Voraus vorbereiten. Herrlich, wenn man ihn nur aus dem Gefrierfach holen muss und schlemmen kann, wann man möchte!

ERGIBT 10 PORTIONEN

Für den Boden
100 g Butter
250 g Digestive-Kekse (etwa 16 Stück, alternativ Vollkornbutterkekse)

Für die Füllung
200 g Frischkäse
2 Eigelb
Saft und Abrieb von 1 unbehandelten Zitrone
2 Eiweiß
135 g Zucker
200 g flüssige Sahne
120 g Heidelbeeren + zusätzliche zum Dekorieren

1. Für den Boden: Die Butter zerlassen und langsam erhitzen, bis sie nussig goldbraun ist. Die Kekse mithilfe der Küchenmaschine zu feinen Bröseln verarbeiten und mit der gebräunten Butter mischen.

2. Eine Springform (Durchmesser 22–24 cm) mit Backpapier auskleiden. Die Keksmasse auf dem gesamten Boden verteilen und andrücken, mit der Rückseite eines Löffels die Oberfläche glätten.

3. Für die Füllung: Den Frischkäse, das Eigelb sowie Zitronensaft und -abrieb zu einer glatten Masse verrühren.

4. Das Eiweiß mit dem Handrührgerät sehr steif schlagen. Unter ständigem Rühren nach und nach den Zucker einrieseln lassen.

5. Die Sahne sehr steif schlagen und im Anschluss unter Verwendung eines Teigschabers zusammen mit dem Eiweiß unter die Frischkäsemasse heben.

6. Heidelbeeren fein pürieren und unterheben.

7. Die Füllung in die Form gießen und den Kuchen für mindestens 4 Stunden kalt stellen. Falls der Kuchen länger im Kühlschrank stehen sollte, mit Frischhaltefolie abdecken.

8. Den Cheesecake etwa 30 Minuten vor dem Servieren aus dem Kühlschrank nehmen und mit einigen frischen Heidelbeeren garnieren.

Eistorte

Diese Torte ist in Nullkommanix fertig! Eine Eistorte ist die perfekte Wahl, wenn man etwas vorbereiten möchte, das sich sehr gut im Gefrierfach hält. Du kannst entscheiden, ob du die verwendeten Baiserböden selbst herstellen oder bereits fertige kaufen möchtest.

ERGIBT 10 STÜCKE
2 Baiserböden
500 g flüssige Sahne
1 EL Vanillezucker
1 Dose gesüßte Kondensmilch (etwa 400 g)
225 g Himbeeren/Heidelbeeren, frisch oder gefroren

Für die Dekoration
150 g flüssige Sahne, steif geschlagen
frische Beeren

1. Eine Springform (Durchmesser 22 cm) mit Backpapier auskleiden. Einen der Baiserböden auf den Boden der Form legen.

2. Die Sahne mit dem Vanillezucker steif schlagen. Die Sahne soll zwar sehr fest werden, aber nicht so lange gerührt werden, dass sie zu Butter wird. Die Kondensmilch und die Beeren hinzugeben und rühren, bis alles gut vermischt ist.

3. Die Masse in die Form gießen, den zweiten Boden auflegen und mindestens 5 Stunden in das Gefrierfach stellen.

4. Die Torte bei Zimmertemperatur etwa 30 Minuten antauen lassen. Mit geschlagener Sahne und Beeren garnieren.

Baiserböden

Selbst gemachte Baiserböden sind zum einen nützlich, zum anderen einfach herzustellen. Darüber hinaus sind sie praktisch, da man sie weit im Voraus backen kann. Werden sie an einem trockenen, dunklen und kühlen Ort aufbewahrt, halten sie sich mehrere Wochen.

Für 2 Böden
6 Eiweiß
270 g Zucker

1. Den Ofen auf 100 °C Umluft vorheizen. Zwei Kreise (Durchmesser 20 cm) auf ein Backpapier zeichnen.

2. Das Eiweiß in eine fettfreie Schüssel – vorzugsweise aus Glas oder Metall – geben und steif schlagen (schon der kleinste Rest Fett in der Schüssel kann das Gelingen des Baisers beeinträchtigen). Den Zucker nach und nach einrieseln lassen und so lange rühren, bis sich die Zuckerkristalle vollständig aufgelöst haben und eine feste Baisermasse entstanden ist.

3. Die Baisermasse mit einem Spritzbeutel in die vorgezeichneten Kreise spritzen oder mit einem Löffel darin verstreichen. In der Mitte des Ofens 80–90 Minuten backen. Das Backpapier leicht anheben; die Böden sind fertig, wenn sie sich leicht anfühlen. Den Ofen ausschalten, die Ofentür einen Spalt breit öffnen und die Böden im Ofen abkühlen lassen.

Himbeerkekse

Hier kannst du mit verschiedenen Sorten Konfitüre experimentieren. Die kleine Mulde, die vor dem Befüllen in den Teig gedrückt wird, muss nicht rund sein, sondern kann auch wie ein Herz aussehen.

ERGIBT 30 STÜCK
200 g weiche Butter
90 g Zucker
2 TL Vanillezucker
270 g Weizenmehl (Type 405)
1 TL Backpulver
125 g Himbeerkonfitüre

1. Den Ofen auf 200 °C Umluft vorheizen. Mit dem Handrührgerät die Butter mit dem Zucker und dem Vanillezucker verrühren, bis sich alles gut miteinander verbunden hat.

2. Das Mehl mit dem Backpulver mischen, zur Butter in die Schüssel geben und alles zu einem geschmeidigen Teig verkneten.

3. Den Teig auf eine leicht bemehlte Arbeitsfläche geben und in zwei gleich große Stücke teilen. Beide Teigstücke zu Kugeln formen und diese zu je einem langen Strang formen und in jeweils 15 Stücke schneiden.

4. Jedes Stück zu einer kleinen Kugel formen und in kleine Papierförmchen legen. Jeweils eine Vertiefung in die Mitte drücken und mit Konfitüre füllen. Die Förmchen auf ein Backblech stellen.

5. In der Mitte des Ofens etwa 10 Minuten backen, bis die Kekse etwas Farbe bekommen haben. Auf dem Blech abkühlen lassen.

Beerenkonfitüre

Ich koche oft Himbeer- oder Heidelbeerkonfitüre, auch im Winter, dann mit gefrorenen Beeren. Keine Konfitüre schmeckt so intensiv nach Beeren wie hausgemachte. Häufig enthält gekaufte Konfitüre nur etwa 50 Prozent Frucht und ist unglaublich süß. Diese hier bewahrt die Frische der Beeren, aber ist trotzdem schön süß und lecker! Das Rezept funktioniert auch mit anderen Beeren wie beispielsweise Erdbeeren oder Stachelbeeren. Ich mache diese Konfitüre auch sehr gern als Topping für meine Pfannkuchen.

ERGIBT ETWA 1 KG KONFITÜRE
500 g Beeren
250 g Gelierzucker

1. In einem Topf die Beeren mit dem Zucker mischen, bei mittlerer Temperatur aufkochen und etwa 5 Minuten köcheln lassen.

2. Die fertige Konfitüre in sorgfältig gereinigte Schraubgläser füllen und im Kühlschrank aufbewahren.

Blaubeerschnitten

Es ist leicht nachzuvollziehen, wieso bestimmte Leckereien über Generationen hinweg auf jeder Kaffeetafel serviert werden. Sie sind ganz einfach unschlagbar lecker. Dieses hier ist ein solches Rezept. Hier kannst du – genau wie bei den Himbeerkeksen auf der vorhergehenden Seite – verschiedene Sorten Konfitüre verwenden. Ich verwende häufig Heidelbeerkonfitüre, weil ich diese Beeren über alles liebe und weil die Farbe auf den Keksen sehr hübsch aussieht.

ERGIBT ETWA 40 KEKSE
250 g weiche Butter
135 g Zucker
2 Eier
360 g Weizenmehl (Type 405)
½ TL Hirschhornsalz

Für die Füllung
etwa 65 g Heidelbeerkonfitüre, wahlweise andere Beerenkonfitüre, s. S. 108

Für die Glasur
120 g Puderzucker

1. Den Ofen auf 200 °C Umluft vorheizen. Backpapier auf zwei Backbleche auslegen.

2. Mit dem Handrührgerät die Butter und den Zucker schaumig rühren. Ein Ei nach dem anderen hinzufügen.

3. Das Mehl mit dem Hirschhornsalz vermischen und zu den anderen Zutaten in die Schüssel geben. Zu einem geschmeidigen Teig verarbeiten. Ich bearbeite den Teig zunächst einige Sekunden mit den Knethaken des Handrührgeräts, danach arbeite ich mit den Händen weiter.

4. Den Teig auf einer leicht bemehlten Arbeitsfläche in vier gleich große Stücke teilen. Jedes der Teigstücke zu Kugeln formen und diese zu je einem etwa 40 cm langen Strang rollen und auf die Backbleche legen.

5. Der Länge nach jeweils eine Vertiefung in die Mitte der Teigstränge drücken – das klappt gut mit dem kleinen Finger. Mit einem Löffel oder einem Spritzbeuel die Vertiefungen mit Konfitüre füllen.

6. In der Mitte des Ofens 12–15 Minuten backen, bis das Gebäck eine leicht goldene Farbe angenommen hat. In der Zwischenzeit den Puderzucker mit 1 ½–2 EL Wasser zu einem ziemlich festen Guss verrühren.

7. Das Gebäck aus dem Ofen nehmen und direkt den Zuckerguss auf der Konfitüre verteilen. Noch warm leicht schräg in Streifen schneiden.

Himbeer-Marzipan-Törtchen

Diese Törtchen sind eine etwas luxuriösere Variante der schwedischen *Mazariner*, die mit Konfitüre gefüllt werden. Ich verwende alte Backformen, die sie hoch und besonders hübsch werden lassen – außerdem bleibt so viel Platz für die Füllung. Manchmal findet man solche Förmchen auf dem Flohmarkt.

ERGIBT ETWA 15 TÖRTCHEN

Für den Mürbeteig
125 g Butter + etwas zusätzlich zum Einfetten der Förmchen
210 g Weizenmehl (Type 405)
60 g Puderzucker
1 Eigelb

Für die Füllung
400 g Marzipan-Rohmasse
200 g weiche Butter
2 EL Zucker
2 Eier
125 g Himbeerkonfitüre, s. S. 108

Für den Zuckerguss
90 g Puderzucker
2 EL Himbeerkonfitüre, s. S. 108

1. Für den Mürbeteig: Die Butter in Würfeln mit den übrigen Zutaten zu einem Teig verkneten, entweder mit den Händen oder mithilfe der Küchenmaschine. Den Teig in Frischhaltefolie wickeln und 20 Minuten kalt stellen. Die Förmchen einfetten.

2. Den Teig auf einer leicht bemehlten Arbeitsfläche ausrollen und Kreise ausstechen. Die Förmchen damit auskleiden. Alternativ den Teig so gleichmäßig wie möglich in die Förmchen drücken. Die Küchlein kalt stellen, während die Füllung zubereitet wird.

3. Den Ofen auf 175 °C Umluft vorheizen.

4. Für die Füllung: Die Marzipan-Rohmasse reiben und zusammen mit der Butter zu einer glatten Masse verarbeiten – ich verwende hierfür ein Handrührgerät. Den Zucker und im Anschluss die Eier einrühren.

5. Einen Klecks Himbeerkonfitüre in jedem Förmchen platzieren, danach zu etwa drei Vierteln mit der Marzipanmasse füllen. Die Förmchen auf ein Backblech stellen.

6. In der Mitte des Ofens 20–25 Minuten backen, bis die Törtchen eine schöne Farbe bekommen haben. Auf dem Blech abkühlen lassen.

7. Für den Zuckerguss: Den Puderzucker mit etwa 1 EL Wasser zu einer streichfähigen Glasur verrühren. Den Zuckerguss auf den Törtchen verteilen. Kleine Kleckse Himbeerkonfitüre auf jedes Küchlein setzen und mit einem Teelöffelstiel hübsche Muster in die Glasur ziehen. Wenn die Glasur fest ist, die Törtchen aus den Formen nehmen.

Schwarze-Johannisbeer-Tarte mit Baiser

Wenn ich Schwarze Johannisbeeren auftreiben kann, dann erfreut das meine Seele. Sie schmecken so frisch, lecker und intensiv, und mit dieser Tarte huldige ich ihnen auf eine Art und Weise, die sie in meinen Augen verdienen – mit einer luxuriösen Baiserhaube!

ERGIBT 8 PORTIONEN

Für den Teig
240 g Weizenmehl (Type 405)
90 g Zucker
125 g Butter
1 Ei

Für das Schwarze-Johannisbeer-Curd
250 g Schwarze Johannisbeeren
3 Eigelb
180 g Zucker
1 EL Speisestärke
100 g Butter

Für das Baiser
3 Eiweiß
180 g Zucker

1. Für den Teig: Das Mehl und den Zucker in einer Schüssel – falls vorhanden in der Rührschüssel der Küchenmaschine – vermischen. Die Butter in Würfeln hinzufügen und mit den Fingern zu Krümeln verarbeiten. Das Ei hinzugeben und alles zügig zu einem geschmeidigen Teig verarbeiten. Den Teig in Frischhaltefolie wickeln und 30 Minuten kalt stellen.

2. Für das Curd: Die Beeren mit 150 ml Wasser pürieren, die Flüssigkeit abseihen und in einen Topf umfüllen.

3. Das Eigelb, den Zucker und die Speisestärke unterrühren. Bei mittlerer Temperatur unter ständigem Rühren aufkochen. Einige Minuten köcheln lassen. Den Topf von der Herdplatte nehmen und die Butter einrühren. Abkühlen lassen.

4. Den Ofen auf 225 °C Umluft vorheizen. Eine Tarteform (Durchmesser etwa 25 cm) fetten.

5. Den Teig auf einer leicht bemehlten Arbeitsfläche ausrollen und die Form damit auskleiden. In der Mitte des Ofens 10 Minuten backen. Abkühlen lassen.

6. Für das Baiser: Das Eiweiß in einer fettfreien Schüssel – vorzugsweise aus Glas oder Metall – steif schlagen. Nach und nach den Zucker einrieseln lassen und zu einer festen Baisermasse schlagen. Mit den Fingerspitzen testen, ob sich die Zuckerkristalle aufgelöst haben – erst dann ist die Masse fertig geschlagen.

7. Das Curd auf dem Tarteboden verteilen und danach mit einem Spritzbeutel oder einem Löffel die Baisermasse auftragen. Mit einem Bunsenbrenner oder im Ofen abflämmen. **Im Ofen:** im unteren Teil bei 250 °C 3–5 Minuten backen, bis das Baiser eine schöne Farbe bekommen hat. Dabei aufpassen, dass das Baiser nicht verbrennt.

8. Die Tarte kann gut im Kühlschrank aufbewahrt werden, idealerweise wird sie jedoch am Herstellungstag serviert.

Moltebeer-Parfait

Ein erfrischendes Dessert ist im Sommer immer gerne gesehen, und ein Parfait ist die perfekte Wahl, wenn man einen Nachtisch mehrere Tage im Voraus für die nächste Gelegenheit vorbereiten möchte. Hier habe ich kleine Parfaits in Muffinförmchen zubereitet, die einfach auf Teller gestürzt werden können. Ich empfinde kleine Einzelportionen als besonders festlich!

ERGIBT 4–6 PORTIONEN
300 g flüssige Sahne
3 Eigelb
30 g Puderzucker
1 TL Vanillezucker
190 g Moltebeer-Konfitüre + evtl. etwas zusätzliche Konfitüre zum Servieren
einige Moltebeeren zum Dekorieren

1. Die Sahne in einer Schüssel sehr steif schlagen. In einer anderen Schüssel mit dem Handrührgerät das Eigelb, den Puderzucker und den Vanillezucker schaumig rühren.

2. Die Eigelbmischung mit einem Teigschaber unter die Sahne heben, bis eine glatte Masse entsteht. Abschließend die Konfitüre unterheben.

3. Die Masse in ein ausreichend großes Gefäß mit Deckel füllen und mit den Beeren garnieren. Alternativ die Masse auf Muffinförmchen aufteilen. Mindestens 4 Stunden in das Gefrierfach stellen. Mit Frischhaltefolie abdecken, falls bis zum Servieren mehrere Tage vergehen.

4. Damit das Parfait richtig cremig wird, einige Minuten vor dem Servieren antauen lassen. Falls noch Moltebeer-Konfitüre übrig ist, kann diese vor dem Servieren zum Garnieren verwendet werden.

Kleine Dessertpizzas

Das hier ist womöglich mehr eine Mischung aus Pizza und Kuchen, aber was macht das schon, wenn es so derart lecker schmeckt? Es macht Spaß, die Pizzas herzustellen, also stell doch einfach die hausgemachte Nusscreme und die Beeren oder andere Früchte auf den Tisch und lass deine Gäste selbst belegen.

ERGIBT 8 PORTIONEN

Für die Haselnusscreme
200 g Haselnusskerne
50 g dunkle Schokolade
30 g Puderzucker
1 TL Vanillezucker

Für den Teig
300 g Weizenmehl (Type 405)
45 g Zucker
2 TL Backpulver
50 ml Rapsöl
250 ml Milch

Für den Belag
frische Beeren, z. B. Himbeeren oder Heidelbeeren

1. Für die Haselnusscreme: Den Ofen auf 175 °C Umluft vorheizen. Die Haselnusskerne in eine ofenfeste Form geben und in der Mitte des Ofens 10 Minuten rösten. Die Form während des Röstvorgangs mehrfach schütteln und achtgeben, dass die Haselnusskerne nicht verbrennen. Sobald die dünnen Schalen anfangen aufzureißen und der Duft von gerösteten Nüssen wahrnehmbar ist, sind sie fertig. Die Haselnusskerne auf einem sauberen Küchentuch verteilen und abreiben, um möglichst viele Schalenrückstände zu entfernen.

2. Die Haselnusskerne in einem Mixer so lange pürieren, bis sie zu Haselnussbutter werden.

3. Die Schokolade in kurzen Intervallen in der Mikrowelle oder über einem heißen Wasserbad schmelzen. Im Anschluss zusammen mit dem Puderzucker und dem Vanillezucker zur Haselnussbutter in den Mixer geben und zu einer glatten Masse vermischen. Die Creme in ein sauberes Glas mit Deckel füllen.

4. Die Ofentemperatur auf 250 °C erhöhen.

5. Für den Teig: Alle trockenen Zutaten in einer Schüssel vermengen. Das Öl und die Milch einrühren und zügig zu einem recht lockeren Teig verarbeiten.

6. Den Teig auf einer leicht bemehlten Arbeitsfläche zu einer etwa 5 mm dicken Platte ausrollen. Kreise ausstechen und auf ein mit Backpapier ausgelegtes Blech legen.

7. In der Mitte des Ofens 12–15 Minuten backen, bis die Pizzas eine schöne Farbe bekommen haben.

8. Mit der Haselnusscreme bestreichen und mit frischen Beeren belegen.

Gino – überbackene Sommerbeeren mit weißer Schokolade

Gino **wird traditionell mit Bananen, Kiwi und Erdbeeren hergestellt, aber es macht umso mehr Freude und schmeckt umso besser, wenn man verschiedene Beeren und andere Früchte der Saison verwendet. Das hier gehört zu den besten Nachspeisen für Grillpartys – so praktisch vorzubereiten und im Anschluss einfach mit der Restwärme des Grills zuzubereiten. Man kann natürlich auch den Ofen verwenden.**

ERGIBT 4 PORTIONEN

250–300 g gemischte frische Früchte und Beeren, z. B. Johannisbeeren, Pflaumen, Heidelbeeren, Kirschen, Erdbeeren, Himbeeren, Äpfel
100 g weiße Schokolade

Serviervorschlag
Vanilleeis, s. S. 168

1. Die Früchte und zu große Beeren in mundgerechte Stücke schneiden. Auf ofenfeste Förmchen oder in einer großen Form verteilen. Die Schokolade darüberraspeln.

2. Die Förmchen für 4–6 Minuten auf den Grill stellen, bis die Schokolade geschmolzen ist. Alternativ können die Förmchen auf der obersten Schiene des Ofens platziert und 4–6 Minuten bei 225 °C (Grillfunktion) gebacken werden, bis die Schokolade geschmolzen ist und eine leicht bräunliche Farbe bekommen hat.

3. Das *Gino* noch warm servieren, nach Belieben mit Vanilleeis.

Königinnenkuchen

Himbeere + Heidelbeere + Zucker = klassische schwedische »Königinnen-konfitüre«. Hier landen die frischen Beeren allerdings in einem wunderbaren Kuchen, und schwups – schon haben wir »Königinnenkuchen«! Entweder pur oder mit kaltgerührter Vanillesauce genießen.

ERGIBT 16 STÜCKE

Für den Streuselteig
180 g Weizenmehl (Type 405)
120 g Haferflocken
90 g Zucker
2 TL Backpulver
2 TL Vanillezucker
200 g kalte Butter

Für die Füllung
250–300 g Himbeeren und Heidelbeeren
45 g Zucker
2 EL Speisestärke

Serviervorschlag
evtl. kaltgerührte Vanillesauce, s. S. 167

1. Den Ofen auf 200 °C Umluft vorheizen. Eine ofenfeste Form (20 × 20 cm) mit Backpapier auskleiden.

2. Für den Streuselteig: Die trockenen Zutaten in einer Schüssel vermischen. Die Butter in Würfeln zugeben und alles mit den Fingerspitzen zu einem krümeligen Teig verarbeiten. Die Hälfte des Teigs auf dem Boden der Form verteilen und andrücken.

3. Für die Füllung: Die Beeren mit dem Zucker und der Speisestärke vermengen. Die Füllung in der Form verteilen. Zuletzt den restlichen Streuselteig über die Früchte bröseln.

4. Im unteren Teil des Ofens 25–30 Minuten backen, bis der Kuchen eine schöne Farbe bekommen hat.

5. Abkühlen lassen und im Anschluss in kleine Quadrate schneiden.

Johannisbeersaft

Der Sommersaft der Sommersäfte! Frischer und leckerer Geschmack nach Johannisbeeren, passt als Getränk zum Kaffeekränzchen ebenso wie zum Essen. Die Beeren müssen nicht von den Stielen gelöst werden, sondern können einfach in ganzen Trauben gekocht werden – unglaublich unkompliziert!

ERGIBT ETWA 1 ½ L KONZENTRAT
1 kg Rote Johannisbeeren
450 g Zucker pro Liter Saft (abgetropft)

1. Die Beeren mit 700 ml Wasser in einem Topf mischen. Aufkochen und 15 Minuten köcheln lassen. Den Saft gründlich abschäumen.

2. Die Flüssigkeit durch ein Saftsieb in eine Schüssel abseihen. Den so gewonnenen Saft abwiegen und zusammen mit dem Zucker in einen Topf geben. Aufkochen, 10 Minuten köcheln lassen, dabei den Schaum erneut gründlich abschöpfen.

3. Den Saft in sorgfältig gereinigte und vorgewärmte Flaschen umfüllen. Falls der Saft lange aufbewahrt werden soll, kann er eingefroren werden.

Hefezopf mit Heidelbeer-Vanille-Füllung

Heidelbeeren in Hefeschnecken sind ein Muss in der Heidelbeersaison. Hier habe ich mit kalter Milch einen Hefezopf zubereitet, den ich mit einer Menge Heidelbeeren gefüllt habe. Die Beeren verleihen dem Hefegebäck nicht nur einen herrlichen Geschmack und eine hübsche Farbe, sondern sorgen auch für extra Saftigkeit.

ERGIBT 2 ZÖPFE

Für den Teig
25 g Hefe
200 ml kalte Milch (Fettgehalt: 3,5 %)
420 g Weizenmehl (Type 405)
2 EL Zucker
2 TL Kardamom, frisch gemahlen
½ TL Salz
200 g weiche Butter

Für die Füllung
100 g weiche Butter
2 EL Vanillezucker
30 g Puderzucker
1 EL Semmelbrösel
120–180 g frische Heidelbeeren

Zum Einpinseln und Dekorieren
1 Ei
Hagelzucker

1. Für den Teig: Die Hefe in eine Schüssel – nach Belieben die der Küchenmaschine – krümeln und mit der Milch verrühren.

2. Das Mehl zugeben, dabei etwas zum Ausrollen aufheben. Den Zucker, den Kardamom, das Salz und die Butter hinzufügen und mit den Händen oder der Küchenmaschine zu einem geschmeidigen Teig verarbeiten. Den Teig ruhen lassen, während die Füllung zubereitet wird.

3. Für die Füllung: Die Butter mit dem Vanillezucker, dem Puderzucker und den Semmelbröseln zu einer glatten Masse verrühren.

4. Den Teig auf einer leicht bemehlten Arbeitsfläche kurz kneten, dann in zwei gleich große Stücke teilen. Diese jeweils zu einem Rechteck (etwa 40 × 30 cm) ausrollen. Die Füllung mittig darauf verteilen, dabei etwa ein Drittel des Teigs bedecken. Die Heidelbeeren darüberstreuen.

5. Die Flächen, die nicht mit Füllung bedeckt sind, in etwa 2 cm breite Streifen schneiden und überlappend über die Füllung legen.

6. Die Zöpfe auf ein mit Backpapier ausgelegtes Blech legen und unter einem Geschirrtuch 1–1 ½ Stunden gehen lassen.

7. Den Ofen auf 200 °C Umluft vorheizen.

8. Zum Einpinseln und Dekorieren: Das Ei leicht verquirlen, die Zöpfe damit bestreichen und mit Hagelzucker bestreuen. Im unteren Teil des Ofens 25–30 Minuten backen, bis die Zöpfe eine schöne Farbe bekommen haben.

9. Die Zöpfe vorsichtig auf ein Kuchengitter ziehen und unter einem Geschirrtuch abkühlen lassen. In Scheiben schneiden und genießen!

Krabbelurer mit Heidelbeeren und Zimt

Einfaches Backen vom Feinsten! Ich mache meine *Krabbelurer* – eine Mischung aus Pancakes und Rührkuchen – in einer speziellen Pfanne mit kreisförmigen Vertiefungen, man kann sie aber selbstverständlich auch in einer gewöhnlichen Pfanne ausbacken. Lecker sowohl zum Frühstück als auch als Zwischenmahlzeit.

ERGIBT ETWA 15 STÜCK
90 g Zucker
270 g Weizenmehl (Type 405)
2 TL Backpulver
2 TL Vanillezucker
1 Prise Salz
2 Eier
150 ml Milch
60 g Heidelbeeren
Butter zum Ausbacken

Für die Dekoration
90 g Zucker
2 TL gemahlener Zimt

1. Den Zucker, das Mehl, das Backpulver, den Vanillezucker und das Salz in einer Schüssel mischen. Die Eier und die Milch hinzufügen und zu einem glatten Teig verrühren. Die Heidelbeeren unterheben.

2. Die *Krabbelurer* bei mittlerer Temperatur in Butter 2–3 Minuten von beiden Seiten ausbacken, bis sie eine schöne Farbe bekommen haben. Dabei darauf achten, dass sie nicht anbrennen.

3. Für die Dekoration: Den Zucker mit dem Zimt vermischen und die noch warmen *Krabbelurer* darin wenden. Direkt genießen!

Vanilletaschen

Wenn ich mir ein Hefeteilchen aussuchen müsste, das sich wirklich nach Sommer anfühlt, dann wären es diese Vanilletaschen – wunderbar buttrig und lecker. Immer, wenn ich dieses Gebäck anbiete, bekommen meine Gäste einen verträumten Blick, und die Gespräche drehen sich sofort um das unwiderstehliche Hefegebäck unserer Omas.

ERGIBT 25 STÜCK

Für den Teig
½ Würfel Hefe (21 g)
200 ml kalte Milch
200 g weiche Butter
1 EL Zucker
etwa 360 g Weizenmehl (Type 405)
1 Ei zum Bepinseln

Für die Füllung
75 g weiche Butter
1 ½ EL Zucker
1 ½ TL Vanillezucker

Für den Zuckerguss
4 EL Puderzucker

1. Für den Teig: Die Hefe mit etwas Milch in einer Schüssel verrühren. Die restliche Milch zusammen mit den übrigen Zutaten hinzufügen und alles zu einem geschmeidigen Teig verarbeiten. Das funktioniert gleichermaßen gut mit den Händen wie mit der Küchenmaschine.

2. Den Teig auf einer leicht bemehlten Arbeitsfläche zu einem Quadrat (40 × 40 cm) ausrollen. Den Teig in kleinere Quadrate (8 × 8 cm) schneiden.

3. Für die Füllung: Alle Zutaten verrühren und einen Klecks auf jedes der Teigquadrate setzen.

4. Jeweils die Ecken über die Füllung falten und zusammendrücken, damit die Teiglinge ihre Form behalten. Die Päckchen in Förmchen und danach auf ein Backblech legen. Etwa 2 Stunden unter einem Geschirrtuch gehen lassen. Den Ofen auf 250 °C Umluft vorheizen.

5. Das Ei leicht verquirlen und die Teilchen damit einpinseln. Die Vanilletaschen in der Mitte des Ofens 5–10 Minuten backen, bis sie eine schöne Farbe bekommen haben. Mit einem Geschirrtuch bedeckt, auf einem Kuchengitter abkühlen lassen.

6. Für den Zuckerguss: Den Puderzucker mit ½ EL Wasser zu einem glatten Guss verrühren und das Gebäck damit beträufeln.

SPÄTSOMMER

JETZT IST DER ZEITPUNKT gekommen, an dem Beeren und andere Früchte förmlich »explodieren« – Heidelbeeren, Himbeeren, Moltebeeren, Preiselbeeren, Pflaumen und Äpfel im Überfluss! Nun kann man die Gelegenheit nutzen, vorsorglich für Herbst und Winter zu pflücken und einzufrieren. Wenn diese Schätze im Gefrierfach bereitliegen, dann fühlt sich das wie Reichtum der besten Sorte an, da sich so die Möglichkeit eröffnet, das ganze Jahr über Gebäck mit Früchten und Beeren genießen zu können. Die Heidelbeere ist meine absolute Lieblingsbeere. Ein knuspriger Heidelbeer-Pie mit Kardamom muss ab und an einfach sein!

Stachelbeerkuchen

Viele wissen nicht, was sie mit ihren Stachelbeeren anfangen sollen. Ihr müsst nur diesen Kuchen ausprobieren! Er ist saftig und weich und bekommt wegen des verwendeten Mandelmehls eine herrliche Textur. Hinzu kommen eine subtile Zitronennote und eine Oberfläche, bedeckt mit süßsäuerlichen Stachelbeeren. Wunderbar – lass dir dieses Rezept nicht entgehen.

ERGIBT 8 STÜCKE
etwas Butter zum Fetten + Semmelbrösel zum Ausstreuen der Form
120 g Stachelbeeren
175 g weiche Butter
180 g Zucker
Abrieb von 1 unbehandelten Zitrone
2 Eier
100 g Mandelmehl oder ganze Mandeln
90 g Weizenmehl (Type 405)
1 TL Backpulver

Für das Topping
30 g gehobelte Mandeln
2 EL Hagelzucker

1. Den Ofen auf 175 °C Umluft vorheizen. Den Boden einer Springform (Durchmesser etwa 22 cm) mit Backpapier auslegen, den Rand fetten und mit Semmelbröseln ausstreuen.

2. Die Stachelbeerstiele entfernen.

3. Die Butter und den Zucker mit dem Handrührgerät in einer Schüssel verrühren. Den Zitronenabrieb hinzufügen und ein Ei nach dem anderen unterrühren. Falls kein Mandelmehl verwendet wird, die Mandeln abbrühen, schälen und fein mahlen. Das Mandel- sowie das Weizenmehl mit Backpulver mischen, in die Schüssel geben und alles zügig zu einem glatten Teig verrühren.

4. Den Teig in der Form verteilen und glatt streichen. Die Stachelbeeren zur Hälfte in den Teig drücken und die gehobelten Mandeln sowie den Hagelzucker darüberstreuen.

5. In der Mitte des Ofens 30–35 Minuten backen. Zum Überprüfen vorsichtig ein Holzstäbchen in die Mitte des Kuchens stechen; kommt das Stäbchen sauber wieder heraus, ist der Kuchen fertig.

6. Den Kuchen in der Form 10 Minuten ruhen lassen, danach herausnehmen und vollständig abkühlen lassen.

Knuspriger Heidelbeer-Pie

Dieses Rezept mache ich gern mit Rhabarber, Äpfeln oder Beeren, und es ist wirklich der beste Pie, den ich kenne. Das zufriedenstellende Gefühl, wenn man das erste Mal die knusprige Oberfläche durchbricht ... Das Geräusch hält, was es verspricht. In diesem Pie habe ich Heidelbeeren für die Füllung verwendet und die knusprige Pie-Kruste mit Kardamom verfeinert – unfassbar lecker!

ERGIBT 6–8 PORTIONEN

Für die Füllung
600 g Heidelbeeren
2 EL Zucker
1 EL Speisestärke

Für die Pie-Kruste
150 g Butter
135 g Zucker
2 EL heller Zuckerrübensirup
2 EL flüssige Sahne
120 g Haferflocken
90 g Weizenmehl (Type 405)
½ TL Backpulver
2 TL Kardamom, frisch gemahlen (optional)

Serviervorschlag
kaltgerührte Vanillesauce oder Vanilleeis, s. S. 167 und 168

1. Den Ofen auf 175 °C Umluft vorheizen.

2. Für die Füllung: Die Heidelbeeren, den Zucker und die Speisestärke miteinander vermischen und in einer Tarteform (Durchmesser 26–28 cm) verteilen.

3. Für die Pie-Kruste: Die Butter zusammen mit dem Zucker, dem Sirup und der Sahne in einer Pfanne oder einem Topf schmelzen. Die Haferflocken, das Mehl, das Backpulver und den Kardamom hinzugeben und alles zu einem glatten Teig verrühren.

4. Den Teig auf den Beeren verteilen und in der Mitte des Ofens 30–35 Minuten backen, bis die Kruste eine schöne Farbe bekommen hat.

5. Etwas abkühlen lassen und mit kaltgerührter Vanillesauce oder Vanilleeis servieren.

Heidelbeer-Pie mit Dulce de Leche

Von Banoffee-Pie hast du vielleicht schon gehört, aber dieser Heidelbeer-Pie mit Dulce de Leche toppt alles! Einfach gemacht ohne Ofen, mit dem Geschmack von Karamell und fruchtigen Beeren. Unkomplizierter und leckerer könnte es kaum sein.

ERGIBT 8 STÜCKE

1 ½ Päckchen Oreo-Kekse (230 g) oder etwa 15 Digestive-Kekse (erhältlich in gut sortierten Supermärkten)
100 g Butter
1 Dose Dulce de Leche (etwa 400 g)
180 g Heidelbeeren
250 g flüssige Sahne
2 TL Vanillezucker
evtl. essbare Blüten zum Garnieren

1. Die Kekse in einem Food-Processor zu einem feinen Pulver mixen.

2. Die Butter schmelzen, mit den Keksen vermischen und gleichmäßig in eine Tarteform (Durchmesser etwa 22 cm) drücken. Etwa 30 Minuten kalt stellen, damit der Boden fest werden kann.

3. Das Dulce de Leche auf dem Pie-Boden verteilen und mit einem Großteil der Heidelbeeren belegen.

4. Die Sahne mit dem Vanillezucker steif schlagen, mit einem Spritzbeutel auf die Füllung aufspritzen. Mit den übrigen Heidelbeeren und nach Belieben mit einigen Blütenblättern garnieren.

Vanillesahne mit Brombeerkompott

Das hier ist die einfachste Nachspeise, die man sich vorstellen kann – perfekt, um sie in kleinen Förmchen herzustellen und sie zu einem Picknick mitzunehmen. Man kann sie auch in edlen Gläsern anrichten und zu Hause nach dem Essen servieren. Hier benutze ich Brombeerkompott, aber du kannst natürlich auch jeden anderen leckeren Fruchtaufstrich verwenden.

ERGIBT 4 PORTIONEN
300 g flüssige Sahne
1 EL Vanillezucker
10 mürbe Kekse (ich habe die »Kardamomträumchen« von S. 65 verwendet)
240 g Brombeerkompott
evtl. einige frische Brombeeren und Zitronenmelisse zum Garnieren

1. Die Sahne mit dem Vanillezucker steif schlagen.

2. Die »Kardamomträumchen« zu Bröseln verarbeiten.

3. Die Kekskrümel im Wechsel mit der Sahne und dem Brombeerkompott in vier Gläser schichten. Nach Belieben mit frischen Brombeeren und Zitronenmelisse garnieren. Servieren und genießen!

Brombeerkompott

Ich finde, die Brombeere ist im Hinblick auf ihr Aroma schwer einzuordnen – sie ist süß, aber nicht »richtig« süß, säuerlich, aber nicht sauer. Sie hat keinen besonders intensiven oder spezifischen Geschmack, wie ihn beispielsweise Himbeeren haben. Ich mag sie trotzdem, außerdem hat sie eine fabelhafte Farbe. Hier habe ich der Brombeere mit Vanille und Zitrone ein bisschen auf die Sprünge geholfen, und das Ergebnis ist superlecker geworden!

ERGIBT ETWA 400 ML
250 g Brombeeren
200 g Gelierzucker
1 Msp. Vanillepulver
Schale und Saft von 1 unbehandelten Zitrone

1. Alle Zutaten in einem Topf vermengen. Aufkochen und etwa 5 Minuten köcheln lassen.

2. In sorgfältig gereinigte Schraubgläser füllen und im Kühlschrank aufbewahren.

Brombeer-Türmchen

Diese Kekse mit Mandelboden, die mit Buttercreme gefüllt und mit einer dünnen Schicht Schokolade überzogen werden, verströmen einen Hauch von Luxus und Eleganz. Diese Türmchen sind fast ein Zwischending aus herkömmlichen Keksen und Pralinen. Hier geben Brombeeren ihr Aroma an die Buttercreme ab, du kannst aber selbstverständlich auch andere Kompotte oder Konfitüren verwenden.

ERGIBT 25 KLEINE TÜRMCHEN
200 g Marzipan-Rohmasse
1 Eiweiß

Für die Brombeer-Buttercreme
100 g weiche Butter
60 g Puderzucker
1 TL Vanillezucker
60 g Brombeerkompott, s. S. 138

Für die Glasur
200 g dunkle, weiße oder Milchschokolade
+ evtl. eine andere Schokoladensorte zum Dekorieren

1. Den Ofen auf 175 °C Umluft vorheizen.

2. Die Marzipan-Rohmasse reiben und mit dem Eiweiß zu einer glatten Masse verrühren.

3. Mit einem Spritzbeutel Kreise (Durchmesser etwa 4–5 cm) auf ein mit Backpapier ausgelegtes Blech spritzen. Platt drücken, sodass eine ebene Oberfläche entsteht.

4. In der Mitte des Ofens 10 Minuten backen, bis die Kekse eine schöne Farbe bekommen haben. Auf dem Blech abkühlen lassen.

5. Für die Brombeer-Buttercreme: Die Butter mit dem Puderzucker und dem Vanillezucker sehr schaumig rühren. Das Brombeerkompott hinzufügen und unterrühren.

6. Mit einem Spritzbeutel oder einem Löffel die Füllung auf den Keksen verteilen. Kalt stellen, bis die Creme fest ist; das dauert etwa 30 Minuten.

7. Für die Glasur: Die Schokolade hacken und vorsichtig über einem heißen Wasserbad schmelzen. Im Anschluss in eine Tasse umfüllen, damit die Kekse in die flüssige Schokolade eingetaucht werden können. Die Schokolade kann auch in kurzen Intervallen in der Mikrowelle geschmolzen werden. Etwas abkühlen lassen.

8. Eine Gabel oder ein Messer in die Unterseite eines Kekses stecken und diesen in die Schokolade tunken. Etwas abtropfen lassen, dann zum Festwerden auf ein mit Backpapier ausgelegtes Tablett oder eine Platte setzen. Mit den übrigen Keksen ebenso verfahren. Nach Belieben eine kleine Menge einer anderen Schokoladensorte schmelzen und über die Brombeer-Türmchen träufeln, sobald der Schokoladenüberzug fest ist. Im Kühlschrank aufbewahren.

Rustikaler Apfel-Pie

Dieser Apfel-Pie geht mit seiner üppigen Füllung und dem Karamellaroma in eine amerikanische Richtung. Wer einen richtig leckeren Pie mit vielen Äpfeln in der Füllung backen möchte, sollte diesen hier testen – er ist perfekt!

ERGIBT 8 PORTIONEN

Für den Teig
300 g Weizenmehl (Type 405)
30 g Puderzucker
½ TL Salz
200 g kalte Butter

Für die Karamellsauce
125 g Butter
3 EL Weizenmehl (Type 405)
180 g Zucker

Für die Füllung
6–7 feste säuerliche Äpfel
2 TL Zimt
1 Ei

Serviervorschlag
kaltgerührte Vanillesauce oder Vanilleeis, s. S. 167 und 168

1. Für den Teig: Alle trockenen Zutaten in einer Rührschüssel – falls vorhanden der der Küchenmaschine – mischen.

2. Die Butter in kleinen Würfeln zugeben. Mit den Fingerspitzen zu Krümeln verarbeiten. 50 ml kaltes Wasser zugießen und alles zu einem glatten Teig kneten. Den Teig in zwei gleich große Stücke teilen, in Frischhaltefolie einwickeln und 30 Minuten kalt stellen.

3. Für die Karamellsauce: Die Butter in einem Topf schmelzen, das Mehl einrühren und 1 Minute köcheln lassen. 50 ml Wasser und den Zucker hinzufügen und 3 Minuten unter Rühren köcheln lassen. Den Topf von der Herdplatte nehmen.

4. Für die Füllung: Die Äpfel schälen, entkernen und in dünne Scheiben schneiden. Die Apfelscheiben vorsichtig mit dem Zimt und der Karamellsauce mischen.

5. Eine Hälfte des Teigs auf einer leicht bemehlten Arbeitsfläche so ausrollen, dass die Teigplatte eine Form mit 25 cm Durchmesser auskleidet. Etwas Teig über den Rand überstehen lassen.

6. Die Apfelmischung in die Form geben. Damit der Pie in der Mitte höher wird, kann dort etwas mehr Füllung platziert werden. Den Ofen auf 225 °C Umluft vorheizen.

7. Den Rest des Teigs etwas größer als die Form ausrollen, in Streifen schneiden und so auf den Pie legen, dass ein Gittermuster entsteht. An den Stellen, an denen die Streifen auf den Rand treffen, den Teig leicht andrücken. Das Ei mit 1 EL Wasser verquirlen und den Teig damit bestreichen.

8. In der Mitte des Ofens 15 Minuten backen, dann die Temperatur auf 175 °C senken und weitere 45 Minuten backen. Den Pie mit Alufolie abdecken, falls er zu viel Farbe abbekommt.

9. Den Pie mindestens 1 Stunde abkühlen lassen, bevor er serviert wird. Nach Belieben mit kaltgerührter Vanillesauce oder Vanilleeis servieren.

Apfelkuchen

Äpfel harmonieren sehr gut mit verschiedenstem Gebäck, wie zum Beispiel diesem einzigartig saftigen Kuchen mit den klassischen Aromen von Zimt und Kardamom. Unheimlich lecker und perfekt geeignet, wenn für viele Gäste gebacken werden soll.

ERGIBT 15 GROSSE STÜCKE

4 feste säuerliche Äpfel
45 g Zucker
1 EL Zimt
2 TL Kardamom, frisch gemahlen

Für den Teig

175 g weiche Butter
360 g Zucker
1 EL Vanillezucker
3 Eier
200 ml Milch
240 g Weizenmehl (Type 405)
1 EL Backpulver
Puderzucker zum Bestauben

Serviervorschlag

nach Belieben ein Klecks kaltgerührte Vanillesauce, s. S. 167

1. Den Ofen auf 175 °C Umluft vorheizen. Eine ofenfeste Form (30 × 25 cm) mit Backpapier auslegen.

2. Die Äpfel schälen, entkernen und in Scheiben schneiden. Den Zucker mit dem Zimt und dem Kardamom vermischen und die Apfelscheiben darin wenden.

3. Für den Teig: Die Butter, den Zucker und den Vanillezucker schaumig rühren. Ein Ei nach dem anderen unterrühren und die Milch hinzufügen. Das Mehl mit dem Backpulver mischen und anschließend sorgfältig unterrühren.

4. Den Teig in der Form verteilen, die Apfelscheiben auf dem Kuchen platzieren und zur Hälfte in den Teig drücken.

5. Im unteren Teil des Ofens 30–35 Minuten backen. Zum Überprüfen vorsichtig ein Holzstäbchen in die Mitte des Kuchens stechen; kommt das Stäbchen sauber wieder heraus, ist der Kuchen fertig.

6. Den Kuchen etwas abkühlen lassen, dann in Stücke schneiden. Vor dem Servieren mit Puderzucker bestauben.

Haselnusskaramell-Kuchen

Das hier ist reiner Genuss in Kuchenform! Er ist mit seinem saftigen Inneren und seiner knackig-karamelligen Nussdecke ein Klassiker. Ich mache diesen Kuchen mit Haselnüssen, man kann aber auch wunderbar mit verschiedenen Nusssorten oder Kernen variieren.

ERGIBT 10 STÜCKE

Für den Teig
etwas Butter zum Fetten + Semmelbrösel zum Ausstreuen der Form
100 g Butter
2 Eier
135 g Zucker
120 g Weizenmehl (Type 405)
1 TL Backpulver
50 ml Milch

Für die Karamellmasse
100 g Haselnusskerne
100 g Butter
90 g Zucker
2 EL Weizenmehl (Type 405)
2 EL Milch

1. Den Ofen auf 175 °C Umluft vorheizen. Den Boden einer Springform (Durchmesser 22 cm) mit Backpapier auslegen. Den Rand fetten und mit Semmelbröseln ausstreuen.

2. Für die Karamellmasse: Die Haselnusskerne in eine ofenfeste Form geben und im Ofen etwa 10 Minuten rösten, bis die dünne Schale anfängt aufzuplatzen und sie zu duften beginnen. Die Form während des Röstens einige Male leicht schütteln und darauf achten, dass die Haselnusskerne nicht verbrennen. In ein sauberes Küchentuch geben und reiben, bis sich die Schale löst. Abkühlen lassen und im Anschluss grob hacken.

3. Für den Teig: Die Butter schmelzen und abkühlen lassen. In einer Schüssel die Eier und den Zucker mit dem Handrührgerät sehr schaumig schlagen.

4. Das Mehl mit dem Backpulver mischen und zusammen mit der geschmolzenen Butter und der Milch mithilfe eines Teigschabers unter die Ei-Zucker-Masse heben. Den Teig gleichmäßig in der Form verteilen.

5. Den Kuchen im unteren Teil des Ofens 20–25 Minuten backen. Er sollte fast durchgebacken sein, in der Mitte sollte er sich noch leicht bewegen.

6. Für die Karamellmasse: Alle Zutaten in einem Topf aufkochen und 1 Minute köcheln lassen.

7. Den Kuchen aus dem Ofen nehmen und die Masse vorsichtig und gleichmäßig darauf verteilen. Sobald der Kuchen aus dem Ofen kommt, diesen Schritt so schnell wie möglich ausführen, damit er nicht zusammenfällt, bevor die Karamellmasse aufgetragen wurde. Weitere 15 Minuten backen, bis die Nussdecke eine schöne Farbe bekommen hat.

8. Den Kuchen in der Form abkühlen lassen und dann einfach schnabulieren!

Gedeckter Apfelkuchen

Dieser Kuchen mit geriebenem Apfel ist fast schon magisch! Er schmeckt fantastisch frisch aus dem Ofen – dann hat er nämlich eine beinahe knusprige Oberfläche. Sollte er wider Erwarten nicht am selben Tag aufgegessen werden, wird er bis zum nächsten Tag durch die Äpfel etwas weicher geworden sein. Dann erinnert er mehr an einen Rührkuchen. Hier können alle Apfelsorten verwendet werden.

ERGIBT 8 STÜCKE

Für den Teig
210 g Weizenmehl (Type 405)
1 EL Backpulver
1 TL Vanillezucker
135 g Zucker
½ TL Salz
100 g Butter
1 Ei

Für die Füllung
4–5 Äpfel
1 EL Zucker
1 TL gemahlener Zimt

Serviervorschlag
leicht aufgeschlagene Sahne oder kaltgerührte Vanillesauce, s. S. 167

1. Den Ofen auf 200 °C Umluft vorheizen. Eine Springform (Durchmesser 20 cm) fetten.

2. Für den Teig: Alle trockenen Zutaten mischen, die Butter in Würfeln hinzufügen und mit den Fingerspitzen einarbeiten. Das Ei hinzugeben und alles zügig zu einem glatten Teig verrühren.

3. Für die Füllung: Die Äpfel reiben (ich lasse die Schale dran) und mit dem Zucker und dem Zimt mischen.

4. Die Hälfte des Teigs gleichmäßig in die Form drücken und mit der Apfelmasse bedecken. Den Rest des Teigs gleichmäßig darauf verteilen.

5. Den Kuchen in der Mitte des Ofens etwa 30 Minuten backen, bis er eine schöne Farbe bekommen hat. Etwas abkühlen lassen und im Anschluss mit leicht geschlagener Sahne oder kaltgerührter Vanillesauce servieren.

ÄPPELMOS

Rosa Apfelmus

Diese Art, Apfelmus herzustellen, ist so unkompliziert! Das Ergebnis ist wohlschmeckend, und solltest du Zugang zu richtig roten Äpfeln haben, bekommst du ein hübsches rosa Mus. Die Äpfel auf dem Rezeptbild kommen von meiner Freundin Denise – bei ihr stibitze ich immer Äpfel und mache dieses leckere Mus daraus! Weder sie noch ich wissen, um welche Sorte es sich bei ihren Äpfeln handelt, aber wir tippen beide auf »Rosette« oder »Mio«, die beide ein leicht rötliches Fruchtfleisch mitbringen.

ERGIBT ETWA 500 ML APFELMUS

1 kg rote Äpfel (je farbintensiver die Äpfel, desto ausgeprägter wird später der Rosaton im fertigen Mus)
45 g Zucker

1. Die Äpfel gründlich abwaschen, nicht schälen. In kleine Stücke schneiden und die Kerngehäuse entfernen. In einen großen Topf mit Deckel geben, 50 ml Wasser und den Zucker hinzufügen.

2. Aufkochen und mit Deckel so lange köcheln, bis die Äpfel sehr weich sind. Ab und an umrühren.

3. Mit einem Pürierstab mixen und anschließend durch ein Sieb passieren. Das Mus in sorgfältig gereinigte Schraubgläser füllen. Es hält sich 1–2 Wochen im Kühlschrank und lässt sich für eine deutlich längere Haltbarkeit hervorragend einfrieren.

Rhabarber-Vogelbeer-Konfitüre

In diesem Glas trifft der Frühling auf den Herbst! Vogelbeeren haben einen sehr speziellen Geschmack – sie sind sowohl sauer als auch etwas bitter. Den Grad an Bitterkeit kann man jedoch verringern, indem man die Beeren vor dem Verarbeiten einfriert. Diese Konfitüre schmeckt besonders gut zu Käse oder auf Toast.

ERGIBT ETWA 400 ML KONFITÜRE

50 g Vogelbeeren
150 g Gelierzucker
250 g Rhabarber

1. Die Vogelbeeren über Nacht einfrieren.

2. Die Vogelbeeren, 2 EL Wasser und 50 g Gelierzucker in einem Topf verrühren und 5 Minuten köcheln lassen.

3. Den Rhabarber säubern, schälen und in Scheiben schneiden. Diese zusammen mit 100 g Gelierzucker hinzufügen. Weitere 5–10 Minuten köcheln lassen, bis sowohl der Rhabarber als auch die Vogelbeeren weich sind.

4. In sorgfältig gereinigte Schraubgläser füllen und gut verschließen.

Stachelbeer-Crumble

Ein ganz gewöhnliches Crumble ohne viel Schnickschnack ist immer gut. Hier habe ich es mit Stachelbeeren gemacht, aber man kann sie problemlos gegen jede andere Beerensorte austauschen, auch gefrorene.

ERGIBT 6 PORTIONEN

Für die Streusel
90 g Weizenmehl (Type 405)
60 g Haferflocken
45 g Zucker
1 TL Backpulver
1 TL Vanillezucker
100 g kalte Butter

Für die Füllung
480 g Stachelbeeren
45 g Zucker
1 EL Speisestärke

Serviervorschlag
Vanillesauce oder Vanilleeis, s. S. 167 und 168

1. Den Ofen auf 200 °C Umluft vorheizen.

2. Für die Streusel: Die trockenen Zutaten vermengen. Die Butter in Würfeln hinzufügen und alles zu einem krümeligen Teig verarbeiten.

3. Für die Füllung: Die Zutaten miteinander vermengen und in eine ofenfeste Form (25 × 20 cm) geben. Die Streusel gleichmäßig auf den Beeren verteilen.

4. In der Mitte des Ofens 25–30 Minuten backen, bis die Beeren Blasen werfen und die Streusel eine schöne Farbe bekommen haben.

5. Etwas abkühlen lassen und mit Vanillesauce oder Vanilleeis servieren.

Birnen-Tarte

Eine herrliche Birnen-Tarte mit knusprigem Boden und einer wunderbaren Mandelfüllung. Diese Tarte schmeckt nach allem, was man sich von einer Tarte erwartet!

ERGIBT 8 STÜCKE

Für den Boden

150 g Weizenmehl (Type 405)
1 ½ EL Zucker
125 g kalte Butter

Für die Füllung

75 g Mandelmehl oder ganze Mandeln
75 g weiche Butter
70 g Zucker
1 EL Vanillezucker
1 Ei
50 g flüssige Sahne
3 reife Birnen

Serviervorschlag

kaltgerührte Vanillesauce, s. S. 167

1. Für den Boden: Das Mehl und den Zucker mischen. Die Butter in Würfeln hinzufügen und alles mit den Fingerspitzen oder in der Küchenmaschine zu einem Teig verarbeiten.

2. Den Teig in einer Tarteform (Durchmesser 25 cm) verteilen, dabei einen Rand hochziehen. Mindestens 30 Minuten kalt stellen. Den Ofen auf 200 °C Umluft vorheizen.

3. Für die Füllung: Falls kein Mandelmehl verwendet wird, die Mandeln abbrühen, schälen und fein mahlen. Die Butter, den Zucker und den Vanillezucker hinzufügen und alles zu einer glatten Masse verarbeiten. Das Ei und die Sahne unterrühren.

4. Den Tarteboden mit einer Gabel mehrmals einstechen. In der Mitte des Ofens 10–12 Minuten blindbacken, bis der Teig etwas Farbe bekommen hat. Die Ofentemperatur auf 175 °C senken.

5. Die Mandelmasse dünn auf dem Tarteboden verteilen.

6. Die Birnen schälen, in der Mitte durchschneiden und entkernen. In dünne Scheiben schneiden, dabei jedoch nicht ganz durchschneiden – die Birnenhälften sollen an der Spitze noch zusammenhängen. Aufgefächert auf der Tarte platzieren.

7. In der Mitte des Ofens etwa 35 Minuten backen, bis die Tarte eine schöne goldbraune Farbe bekommen hat.

8. Die Tarte lauwarm servieren, nach Belieben mit kaltgerührter Vanillesauce.

Pflaumen-Galette

»Galette« klingt vielleicht schick, dabei handelt es sich eigentlich nur um eine Tarte ohne Tarteform. Dieses herrliche Gebäck kann mit allen Pflaumensorten gebacken werden.

ERGIBT 8 PORTIONEN

Für den Teig
180 g Weizenmehl (Type 405)
2 EL Puderzucker
150 g kalte Butter
1 Ei + 1 Ei zum Bepinseln

Für die Füllung
500 g Pflaumen
200 g Marzipan-Rohmasse
45 g Zucker

Serviervorschlag
Vanillesauce oder Vanilleeis,
s. S. 167 und 168

1. **Für den Teig:** Das Mehl und den Puderzucker in einer Schüssel mischen. Die Butter in Würfeln hinzufügen und alles mit den Fingerspitzen zu Krümeln verarbeiten. Das Ei hinzufügen und alles zügig mit den Händen zu einem geschmeidigen Teig verkneten. Den Teig in Frischhaltefolie wickeln und 30 Minuten kalt stellen.

2. Den Ofen auf 225 °C Umluft vorheizen. Ein Backblech mit Backpapier auslegen.

3. Die Pflaumen entkernen und in Scheiben schneiden.

4. Den Teig auf einer leicht bemehlten Arbeitsfläche zu einem Kreis (Durchmesser etwa 35 cm) ausrollen. Auf das Blech legen und mit einer Gabel mehrmals einstechen.

5. **Für die Füllung:** Die Marzipan-Rohmasse grob reiben und gleichmäßig auf dem Teig verteilen. Die Pflaumenscheiben in einem hübschen Muster darauf platzieren, dabei etwa 5 cm Platz zum Rand lassen, damit er eingeklappt werden kann. Den Zucker auf die Pflaumen streuen und rundherum den Rand zur Mitte hin etwas einklappen.

6. Das Ei leicht verquirlen und den Teigrand damit bestreichen. Die Galette im unteren Teil des Ofens etwa 25 Minuten backen, bis der Teig eine schöne Farbe bekommen hat.

7. Mit Vanillesauce oder Vanilleeis servieren.

Apfelkuchen mit Haferkruste

Ich liebe diese Art von Apfelkuchen so sehr, dass ich nicht umhinkam, zwei verschiedene Rezepte dafür in dieses Buch aufzunehmen. Dieser Kuchen geht geschmacklich in eine recht süße Richtung und beinhaltet alles – Rührkuchen, aromatische Äpfel und obendrauf knusprige Streusel. Wenn du es süß und fruchtig magst, ist dieses Rezept auf jeden Fall etwas für dich!

ERGIBT 20 STÜCKE

Für den Teig
360 g Weizenmehl (Type 405)
270 g Zucker
4 TL Backpulver
1 TL gemahlener Kardamom
100 g Butter, geschmolzen
1 Ei
300 ml Milch
2–3 Äpfel
1 EL gemahlener Zimt

Für die Haferkruste
120 g Haferflocken
270 g Zucker
100 g Butter, geschmolzen

1. Den Ofen auf 200 °C Umluft vorheizen und eine ofenfeste Form (etwa 30 × 20 cm) mit Backpapier auslegen.

2. Für den Teig: Alle trockenen Zutaten in eine Schüssel geben, die Butter, das Ei und die Milch hinzufügen und alles zu einem glatten Teig verrühren. Den Teig gleichmäßig in der Form verteilen.

3. Die Äpfel schälen und entkernen, in dünne Scheiben schneiden und mit dem Zimt mischen. Die Scheiben auf dem Teig platzieren.

4. Für die Haferkruste: Die Haferflocken mit dem Zucker und der Butter vermengen und über die Apfelscheiben streuen.

5. In der Mitte des Ofens 25–30 Minuten backen. Zum Überprüfen vorsichtig ein Holzstäbchen in die Mitte des Kuchens stechen; kommt das Stäbchen sauber wieder heraus, ist der Kuchen fertig.

6. Den Kuchen in der Form abkühlen lassen und dann in Stücke schneiden. Servieren und genießen!

Preiselbeerkuchen

Wenn man »Preiselbeeren« sagt, denken wahrscheinlich die meisten an Preiselbeeren im Glas. Man kann aber auch andere Sachen mit Preiselbeeren machen, zum Beispiel diesen superleckeren Kuchen. Selbstverständlich kannst du ihn auch in eckige Stücke schneiden, wenn dir das besser gefällt.

ERGIBT ETWA 8 STÜCKE
250 g Marzipan-Rohmasse
100 g weiche Butter
3 Eier
60 g Weizenmehl (Type 405)
1 TL Backpulver
90 g Preiselbeeren
1 EL Zucker

1. Den Ofen auf 175 °C Umluft vorheizen und eine ofenfeste Form (etwa 20 × 20 cm) mit Backpapier auskleiden. Optional kann eine Springform (Durchmesser 22 cm) verwendet werden.

2. Die Marzipan-Rohmasse in eine Rührschüssel reiben, die Butter zufügen und mit dem Handrührgerät verrühren. Die Eier einzeln unterrühren. Das Mehl mit dem Backpulver mischen und ebenfalls unterrühren.

3. Den Teig gleichmäßig in der Form verteilen und mit den Preiselbeeren und dem Zucker bestreuen.

4. In der Mitte des Ofens 25–30 Minuten backen. Zum Überprüfen vorsichtig ein Holzstäbchen in die Mitte des Kuchens stechen; kommt das Stäbchen sauber wieder heraus, ist der Kuchen fertig. 10 Minuten in der Form ruhen lassen, dann den Kuchen aus der Form nehmen und auf dem Backpapier abkühlen lassen.

Preiselbeer-Scones

Diese Scones kann ich nur empfehlen – sie sind einfach gelungen. Die Frische der Preiselbeeren und die Süße von Vanille- und Rohrohrzucker geben eine souveräne Kombi ab. Mit diesen Leckerbissen zum Frühstück kann der Tag nur gut starten!

ERGIBT 6 SCONES

210 g Weizenmehl (Type 405)
1 EL Vanillezucker
1 TL Backpulver
1 Prise Salz
75 g kalte Butter
60 g Preiselbeeren
150 ml Milch + ein wenig zusätzlich zum Bestreichen
2 EL Rohrohrzucker zum Bestreuen

1. Den Ofen auf 250 °C Umluft vorheizen. Ein Blech mit Backpapier auslegen.

2. Das Mehl mit dem Vanillezucker, dem Backpulver und dem Salz in einer Schüssel mischen.

3. Die Butter in Würfeln zugeben. Mit den Fingerspitzen zu einem krümeligen Teig verarbeiten. Die Preiselbeeren und die Milch hinzufügen und alles zu einem klebrigen Teig verrühren.

4. Den Teig auf einer leicht bemehlten Arbeitsfläche zu einer etwa 1½ cm dicken Platte ausrollen. Kreise (Durchmesser 6–8 cm) ausstechen und auf das Blech legen.

5. Die Scones mit etwas Milch bepinseln und mit dem Rohrohrzucker bestreuen.

6. In der Mitte des Ofens etwa 10 Minuten backen, bis sie goldbraun sind. Warm servieren.

Vogelbeer-Apfel-Karamell-Tarte

Ich habe einige Rezepte mit Vogelbeeren für dieses Buch ausprobiert, denn es wäre so schön, wenn diese hübsche Beere mehr Anwendung finden würde. Die Idee zu dieser Tarte kam beim Brainstormen mit Carola, die oft mit mir zusammen backt, auf. Die Tarte wurde wirklich lecker, mit einer interessanten und etwas ungewöhnlichen Note.

ERGIBT 8 STÜCKE

Für den Teig
150 g Butter
100 g Haferflocken
150 g Weizenmehl (Type 405)
45 g Zucker

Für die Füllung
3 Äpfel
60 g Vogelbeeren, gefroren und aufgetaut
2 EL Zucker
25 g Butter

Für die Karamellmasse
100 g Butter
90 g Zucker
2 EL heller Zuckerrübensirup
2 EL Weizenmehl (Type 405)
2 EL Milch
½ TL Salz
100 g Haselnusskerne

Serviervorschlag
Vanilleeis, s. S. 168

1. Den Ofen auf 200 °C Umluft vorheizen.

2. Für den Teig: Die Butter schmelzen, den Topf von der Herdplatte nehmen und die Haferflocken, das Mehl und den Zucker unterrühren. Alles zu einem Teig verrühren.

3. Den Teig gleichmäßig in eine Tarteform (Durchmesser 25 cm) drücken, dabei einen Rand hochziehen. Den Boden mit einer Gabel einstechen und in der Mitte des Ofens 15 Minuten blindbacken.

4. Für die Füllung: Die Äpfel schälen, entkernen und in kleine Stücke schneiden. Die Apfelstücke zusammen mit den Vogelbeeren, dem Zucker und der Butter in einer Pfanne erhitzen, bis die Apfelstücke weich geworden sind.

5. Für die Karamellmasse: Die Butter in einem Topf schmelzen. Den Zucker, den Sirup, das Mehl, die Milch und das Salz hinzufügen und unter Rühren aufkochen lassen. Die Haselnusskerne grob hacken und hinzugeben.

6. Die Apfelmischung in der Tarteform verteilen und die Karamellmasse gleichmäßig daraufstreichen.

7. Die Tarte in der Mitte des Ofens 10–15 Minuten backen, bis die Kruste eine schöne Farbe bekommen hat.

8. Die Tarte etwas abkühlen lassen und anschließend mit Vanilleeis servieren.

Kaltgerührte Vanillesauce

Einfacher lässt sich eine cremige Beigabe zu einem Kuchen oder einer Tarte wahrhaftig nicht zusammenrühren. Es geht schneller, diese Vanillesauce herzustellen, als fertige im Supermarkt zu kaufen. Wenn du diese hier probiert hast, möchtest du ohnehin nie wieder Vanillesauce kaufen – das verspreche ich dir.

ERGIBT 4 PORTIONEN

2 Eigelb
2 EL Zucker
1 EL Vanillezucker
200 g flüssige Sahne

1. In einer Schüssel das Eigelb, den Zucker und den Vanillezucker mit dem Handrührgerät schaumig schlagen.

2. Die Sahne in einer anderen Schüssel steif schlagen.

3. Die Ei-Zucker-Mischung mit einem Teigschaber unter die Sahne heben. Fertig!

Einfache Vanillesauce

Manchmal ist eine üppige Vanillesauce genau das, was man zu einer Tarte oder einem Kuchen haben möchte. Hier hast du ein einfaches und schnelles Rezept dafür.

ERGIBT 6–8 PORTIONEN

2 Eigelb
1 EL Zucker
1 EL Kartoffelmehl
400 g flüssige Sahne
1 EL Vanillezucker

1. In einem Topf alle Zutaten außer dem Vanillezucker bei mittlerer Temperatur unter Rühren aufkochen und so lange köcheln lassen, bis die Sauce angedickt ist.

2. Den Topf von der Herdplatte nehmen und den Vanillezucker einrühren. Abkühlen lassen.

Vanilleeis

Hausgemachtes Vanilleeis mit echter Vanille schlägt das meiste, das man im Supermarkt finden kann. Um es richtig cremig hinzubekommen, braucht man eine Eismaschine oder das passende Zubehör für die Küchenmaschine. Es geht aber auch ganz ohne – die Konsistenz wird nicht dieselbe sein, aber es wird genauso schmackhaft.

ERGIBT 6 PORTIONEN

4 Eigelb
135 g Zucker
1 Vanilleschote
250 ml Milch
250 g flüssige Sahne

Serviervorschlag
evtl. Fliedersirup, s. S. 27

1. Das Eigelb und den Zucker mit dem Handrührgerät schaumig schlagen und in einen Topf umfüllen.

2. Die Vanilleschote der Länge nach aufschneiden und das Mark herauskratzen. Das Vanillemark und die Vanilleschote zusammen mit der Milch und der Sahne in den Topf geben. Die Mischung unter Rühren auf 85 °C erhitzen, sie sollte allmählich etwas andicken.

3. Die Eismasse in eine Schüssel füllen und im Kühlschrank vollständig erkalten lassen.

4. Die Vanilleschote entfernen und die Masse in der Eismaschine so lange rühren, bis sie richtig kalt und cremig ist. Bis zum Servieren im Gefrierfach aufbewahren.

Keine Eismaschine zur Hand? Die kalte Eismasse in eine kältebeständige, weite Form füllen und einfrieren. Alle 30 Minuten umrühren, um Luft in die Masse zu bekommen. Nicht ganz so einfach, aber machbar!

Danksagung

ZUNÄCHST EINMAL WILL ICH dir danken, weil du mein Buch gekauft hast! Du bist der Grund, aus dem ich das, was ich liebe, beruflich machen kann. Außerdem will ich allen Followerinnen und Followern auf Instagram, Facebook und meinem Blog danken, die mit meinen Rezepten backen, die kommentieren und alle Backversuche teilen. Das gibt mir das Gefühl, Teil eurer »fika« – eures Kaffeekränzchens – zu sein.

Ich habe viel Keramik, Porzellan und Glas von lokalen Produktionsstätten verwendet, die ich zum Teil gekauft, zum Teil ausgeliehen habe. Vielen Dank an *Lermakeriet*, *Krukstugan*, *Högbo glasbruk* und viele weitere dafür, dass man in unmittelbarer Nähe so viele hübsche Sachen ausfindig machen kann! Danke an *Kickis blomster*, die nachvollziehen kann, was ich mir vorstelle (ich selbst bin der komplette Blumen-Analphabet). Danke an das Pelargonien-Museum in Torsåker, dass ich vorbeikommen und Fotos machen durfte und dass ich euren unwahrscheinlich leckeren Geranienkuchen in mein Buch aufnehmen durfte.

Ein besonderes Dankeschön an Carola und Emil, die mir mit allem zwischen Himmel und Erde behilflich sind – Backen, Verkosten, Ausprobieren, Abräumen – und meine gute Laune an den etwas schwereren Tagen aufrechterhalten. Ohne euch würde es nur halb so viel Spaß machen!

Danke Anita, Denise, Matilda, Robin und Natha, Oma und Opa. Ein zusätzliches Danke an meinen exemplarischen Hefeteilchentester Jamie und meine -testerin Millie, die man beide auch auf Bildern in diesem Buch sehen kann. Und danke an meine Nachbarin Marianne, dass ich Früchte, Beeren und Blumen stibitzen durfte, die dieses Buch besonders schön gemacht haben!

Das beste Team für dieses Buch: Lisa, Mia, Emilie, Annika und alle bei *Bonnier Fakta*, es war fantastisch, mit euch zusammenzuarbeiten. Das Buch ist wahrhaftig das Ergebnis von Teamarbeit!

Du möchtest mehr Inspiration und Rezepte?
Schau gerne auf meiner Facebook- und
Instagram-Seite oder auf meinem Blog vorbei!
Du findest mich unter @fredriksfika!

Register

Impressum

Verantwortlich: Britta Bettendorf
Übersetzung aus dem Schwedischen:
Lena Hoiß
Projektmanagement, Redaktion
und Satz: Silke Schüler
Korrektorat: Asta Machat
Repro: LUDWIG:media
Herstellung: Julia Hegele

Printed in Germany by Appl

Texte & Rezepte: Fredrik Nylén
Fotografie: Lisa Björner
Layout: Emilie Crispin Ekström

Unser komplettes Programm finden Sie unter:

www.christian-verlag.de

Alle Angaben dieses Werkes wurden vom Autor sorgfältig recherchiert und auf den neuesten Stand gebracht sowie vom Verlag geprüft. Für die Richtigkeit der Angaben kann jedoch keine Haftung übernommen werden, weshalb die Nutzung auf eigene Gefahr erfolgt. Sollte dieses Werk Links auf Webseiten Dritter enthalten, so machen wir uns die Inhalte nicht zu eigen und übernehmen für die Inhalte keine Haftung.

In diesem Buch wird aus Gründen der besseren Lesbarkeit das generische Maskulinum verwendet. Weibliche und anderweitige Geschlechteridentitäten werden dabei ausdrücklich mitgemeint, soweit es für die Aussage erforderlich ist.

★★★★★

Sind Sie mit diesem Titel zufrieden? Dann würden wir uns über Ihre Weiterempfehlung freuen. Erzählen Sie es im Freundeskreis, berichten Sie Ihrem Buchhändler oder bewerten Sie bei Onlinekauf. Und wenn Sie Kritik, Korrekturen, Aktualisierungen haben, freuen wir uns über Ihre Nachricht an: Christian Verlag, Postfach 40 02 09, D-80702 München oder per E-Mail an lektorat@verlagshaus.de

Die Deutsche Nationalbibliothek verzeichnet diese Publikation in der Deutschen Nationalbibliografie; detaillierte bibliografische Daten sind im Internet über http://dnb.d-nb.de abrufbar.

Titel der schwedischen Originalausgabe:
Sommarfika med Fredrik

Die deutschsprachige Übersetzung wird von der Christian Verlag GmbH aufgrund Lizenzvereinbarung mit Bonnier Rights, Stockholm, Schweden veröffentlicht.

2. Auflage 2026

ISBN: 978-3-95961-866-3